思悟教学
——初中生物教学的实践反思

曾庆国◎著

沈阳出版发行集团
沈阳出版社

图书在版编目（CIP）数据

思悟教学：初中生物教学的实践反思 / 曾庆国著
. — 沈阳：沈阳出版社，2021.1
ISBN 978-7-5716-1536-9

Ⅰ.①思… Ⅱ.①曾… Ⅲ.①生物课—教学研究—初中 Ⅳ.①G633.912

中国版本图书馆CIP数据核字（2021）第020728号

出版发行：沈阳出版发行集团|沈阳出版社
（地址：沈阳市沈河区南翰林路10号 邮编：110011）
网　　址：http://www.sycbs.com
印　　刷：北京政采印刷服务有限公司
幅面尺寸：170mm×240mm
印　　张：13.75
字　　数：248千字
出版时间：2021年1月第1版
印刷时间：2021年1月第1次印刷
责任编辑：马　驰
封面设计：言之凿
版式设计：李　娜
责任校对：王玉位
责任监印：杨　旭

书　　号：ISBN 978-7-5716-1536-9
定　　价：45.00元

联系电话：024-24112447
E－mail：sy24112447@163.com

教学思悟，思悟教学，思悟与教学活动密不可分。

学思悟行，思悟的逻辑起点是学。学习必然伴随着思考，思考的深度、角度不同，结果也不同，领悟的东西自然也不一样。如果把"思"看作是一个过程，那"悟"就是这个过程的结果。思悟既是学习的过程，也是学习的结果；既是学习过程的评价指标，也是学习效果的评价指标。思悟的逻辑终点是行，正所谓思想指挥行动，实践是检验真理的唯一标准。

学是求乎外，在于格物；思是求乎内，在于致知，致知即悟。可见，"思"和"悟"相辅相成。思悟实际上和致知是同一个概念。对学习来说，思悟是最基本的要求，只有做到了思悟，才能运用知识去解决问题，即解决"行"的问题。学习能力的提高，其根本是思悟力的提高。从这个意义来说，课堂教学的核心问题在于帮助学生突破思悟的困难，解决学生思悟的问题。

在生物课堂教学中，影响学生思悟的因素有多方面，包括教材的难度、教师教学的方法、抽象的概念等。其中，教师教学的方法是极其重要的一个因素。在课堂中，教师要善于运用合理的方法，抓住重点，突破难点，帮助学生思悟。课堂教学能创造哪些条件帮助学生提高思悟力，不同的学段有哪些不同的方法，不同的学科有哪些不同的特点，这些都是值得不断研究的问题。本书仅从初中生物学科教学的角度来进行探讨，以一线的教育教学思考和实践诠释促进学生"思悟行"的教学方式、教学策略和教学评价，以"趣思教学、疑悟教学、情行教学"为主线，围绕如何激发学生思悟、如何让学生有效地思悟、如何让思悟促进学生的行等问题，促使学生学会独立思考，提高学生的思悟力，改善学生的思维品质，引导学生的实践创新。

本书引用案例是作者以及作者所在科组教师撰写的研究成果,借此机会对宋朝晖等教师的支持表示衷心的感谢。由于时间仓促,本书在编辑过程中还存在着很多不足之处,希望能够得到广大教育工作者的批评指正。

作　者
2020年6月

目录

第四章　思悟教学行动研究

第 一 章

教育教学观

1

本章简介：学生的学习是一个不断出现新问题并不断解决新问题的过程。问题解决了就是一次成长，问题没有解决就可能导致思维停留在某个阶段而固化，表现为思悟力到达一定的阶段而无法继续成长，时间长了就会导致思悟力慢慢衰退，也可能由量变到质变再次突破而获得成长。一般情况下，前者出现的概率比后者大。要解决这个问题，关键在于突破思悟障碍，寻找思悟的新方法。

思 悟 力

我们先来看一个例子：

小明是个用功的孩子，作业从不落下，天天认真学习到晚上11点。但是，每次考试小明在班上的排名总是不理想。每次考试前，老师问小明复习得怎么样了，小明不知道如何回答。看了好几遍书，也做了很多题，可是到了考试，小明总感觉很多题目都是从没见过的新题。只是一百页的书，小明却感觉其中的内容是无穷无尽的，考试的时候只能碰运气。有的学生平时也不比他用功，考试分数却比他高很多，小明是比别人笨还是有其他的原因？

相信有很多教师和家长都对这个例子存有困惑，经过与小明的交流，分析小明的试卷，我们发现小明的解答存在以下四种情形：一是不会答，其原因可能是学生没学过这个知识，也可能是学生学过这个知识但是已经遗忘了，还有可能是在考试期间因特殊的干扰学生在短时间内没记起来。二是答不完整，这种情形主要是学生在课堂上没学懂，也有可能是教师没教懂，毕竟是大班教学，教师不一定能顾及全体学生，从而导致有的学生一知半解，所建立的知识体系不够系统，学生的知识拓展能力、迁移能力不足。三是答非所问，主要是学生没理解题意，或者是记忆错位，记忆的内容与题目内容不匹配。四是答题中出现了错别字，还有就是因为粗心选错项（见表1-1）。

表1-1　学生出错原因分析

出错情况	归因		
	学生	教师	分析
不会答	没学过	教学遗漏	教师教学方法的问题
	遗忘快，短时遗忘		学生的思维方法和理解能力问题
答不完整	没学懂	没教懂	学生的思维方法和理解能力或教师教学方法的问题
	一知半解，不会拓展，没构建体系		学生的思维方法和理解能力问题
答非所问	没理解题意		学生的理解能力问题
	记忆错位		学生的思维方法和理解能力问题
粗心	错别字		学生的思维方法和理解能力问题
	选错项		

　　在帮助小明做了归因分析之后，忽略教师自身的问题，我们发现学生存在问题的根源指向两个关键词：思维和理解。

　　所谓思维，是指人脑对客观事物的一种概括的、间接的反映，它反映客观事物的本质和规律；百度百科中对思维的解释是指人用头脑进行逻辑推导的属性、能力和过程；《汉语大辞典》中则解释为在表象、概念的基础上进行分析、综合、判断、推理等认识活动的过程。思维是人类特有的一种精神活动，是从社会实践中产生的。可见，思维的主体是人，思维的对象是想要了解的事物，思维有分析、综合等方式。这种反映客观事物本质和规律的能力，我们称为思维力。思维力越强，所反映的客观事物的本质和规律越接近于事物本身。

　　所谓理解，即人们利用已有的知识，去逐步认识事物的联系、关系直至掌握其本质和规律的一种思维活动；百度百科的解释是从道理上了解、认识；《辞海》中把理解称为应用已有知识揭露事物之间的联系而认识新事物的过程；《哲学大辞典》中则把理解称为一种理性认识活动，是借助概念，通过分析、比较、概括、联想等逻辑或非逻辑的思维方式，领会和把握事物的内部联系、本质及其规律的思维过程。可见，理解的主体也是人，理解的对象为新的事物，理解既有分析、比较等逻辑方式，也有联想等非逻辑方式。这种对新事物的理解能力也有高低之分，我们称为理解力。理解力越强，对新事物的认识就越深刻。

思维力和理解力有相似的地方，都强调对事物的本质和规律的逻辑认识，不同之处在于理解更强调用已有的知识去认识新事物，更强调认识的结果。在这里，我们整合思维力和理解力为思悟力，并把思悟力定义为通过有效处理信息，结合一定的思维方法，领悟和把握事物的内部联系、本质及其规律的能力。这是因为学习必然伴随着思考（思维活动），思考的深度、角度不同，结果也不同，领悟（理解）的东西自然不一样。如果把"思"看作是一种过程，那"悟"就是这个过程的结果。思悟既是学习的过程，也是学习的结果；既是学习过程的评价指标，也是学习效果的评价指标。思悟力的培养，需要通过丰富的思维训练，建立思维框架或模型（系统思维、结构思维），从而使解释新事物更有条理性和逻辑性。所以，我们再次分析小明的例子，其问题主要就是思悟力不足，虽有充足的学习时间，但学习知识后缺乏对信息的系统整理，在面对新题目或变化的旧题目时出现不会答、答不完整、答非所问、细节出错等情况。

核心素养时代

我们再来看一个例子：

小明长大后在一家合资汽车厂干了10年，成为一名售后维修处的高级工程师。因为工作时间长，熟悉公司各种车型的情况，汽车驾驶、维修中的种种疑难杂症在小明这儿几乎都可迎刃而解。小明因此在公司一直被同事尊称为"小明专家"，小明自己也挺得意于这个非正式称呼。但小明最近很烦心，因为公司引进了一套"车辆维修智能诊断平台"。公司所有车型过往几十年的维修记录都被整合进了这个平台，现在一碰到维修问题，大家在手持终端上点一下，基本就能定位问题。而且，"车联网"兴起后，公司所有车型加载的智能设备越来越多，虽然小明也想去学习了解，但是怎么学都学不过刚来公司的年轻人。小明觉得自己落伍了，原先汽车驾驶、维修的经验优势似乎一夜之间就被清零了。面临公司的裁员问题，小明也想过去做另外的工作，但是，小明能做什么样的工作呢？小明该怎么办？

这个故事我们同样能在生活中找到人物原型，问题的出现源自时代的发展。随着新技术的出现，传统的学习方式已经不能应对新技术变更带来的挑战。在"互联网+""大数据"等新技术的驱动下，我们发现，当当已经变成了百货公司，顺丰开了很多间专营店，AlphaGo击败了柯洁，等等，各种人工智能、跨界正在发生，专业、行业的边界快速消融，复合型的创新人才成了未来的人才标准，STEAM教育应运而生。

2017年3月1日，《中国STEAM教育发展报告》发布会在北京八一学校成功举行，报告中指出，人类生存方式从网络化走向智能化，从独立工作转向机器协同；未来人才的需求指向具备核心素养的创新应用型人才。

早在2014年，教育部《关于全面深化课程改革落实立德树人根本任务的意见》中明确要求：教育部将组织研究提出各学段学生发展核心素养体系，明确学生应具备的适应终身发展和社会发展需要的必备品格和关键能力，突出强调个人修养、社会关爱、家国情怀，更加注重自主发展、合作参与、创新实践。2016年9月13日，"中国学生发展核心素养"研究成果发布会在北京师范大学举行，提出中国学生发展核心素养以培养"全面发展的人"为核心，分为文化基础、自主发展和社会参与三个方面，综合表现为人文底蕴、科学精神、学会学习、健康生活、责任担当、实践创新等六大素养，具体细化为国家认同等十八个基本要点。中国学生发展核心素养不仅体现着国际共识，更是对当下中国教育紧迫问题的回应，它高度关注学生社会责任感、创新精神和实践能力的培养，是对知识本位的再度"宣战"，我国基础教育正从知识本位时代走向核心素养时代。

生物学科在2017年提出了学科核心素养，在这里我们不讨论中国学生发展核心素养和生物学科核心素养的内在关系，我们探讨的是核心素养时代背景下如何落实生物学科的核心素养，从而促进初中生物的教学工作。

生物学科素养解读

生物学科核心素养是指学生通过生物学习而逐步具备的正确价值观念，以及解决社会生活中相关生物问题、适应社会发展的品格及能力，主要包括生命观念、社会责任、科学探究以及科学思维。

生命观念是指对观察到的生命现象及相互关系或特性进行解释后的抽象，是人们经过实证后的观点，是能够理解或解释生物学相关事件和现象的意识、观念和思想方法。生命观念的认知和发展过程是通过感受经验，认识基本事实，思悟概念原理，形成生命观念。学生应该在较好地理解生物学概念的基础上形成生命观念，如结构与功能观、进化与适应观、稳态与平衡观、物质与能量观等；能够用生命观念认识生物的多样性、统一性、独特性和复杂性，形成科学的自然观和世界观，并以此为指导探究生命活动规律，解决实际问题。各要素的关系是生物体具有结构和功能（结构与功能观），能产生进化与适应（进化与适应观），需要稳态与平衡（稳态与平衡观），在进化与适应、稳态与平衡过程中需要物质和能量（物质与能量观）。其中，结构和功能、物质和能量、稳态与平衡是跨学科的，进化与适应是学科本体观念。

科学探究是指能够发现现实世界中的生物学问题，针对特定的生物学现象，进行观察、提问、实验设计、方案实施以及结果的交流与讨论的能力。科学探究是研究生命科学最基本的方法，是未来公民在创新型社会中从事生产和生活应具备的能力，它的对象一般是学生未知的问题。学生应从科学探究过程中亲历科学探究的基本程序，领悟科学探究的本质，获取科学知识，并从中养成良好的科学素养。科学探究的过程需要用到多种技能，人教版初中生物教材在课后多处出现观察、推理、比较、分类等技能的训练，因此，科学探究能力的提高也意味着过程技能的提高。

社会责任是指基于生物学的认识，参与个人与社会事务的讨论，做出理性解释和判断，尝试解决生产生活中的生物学问题的担当和能力。学生应能够以造福人类的态度和价值观，积极运用生物学的知识和方法，关注社会议题，参与讨论并做出理性解释，辨别迷信和伪科学；结合本地资源开展科学实践，尝试解决现实生活问题；形成生态意识，参与环境保护实践；主动向他人宣传关爱生命的观念和知识，崇尚健康文明的生活方式，成为健康中国的促进者和实践者。

最后我们来看科学思维。科学思维是指尊重事实和证据，崇尚严谨和务实的求知态度，运用科学的思维方法认识事物、解决实际问题的思维习惯和能力。学生应该在学习过程中逐步发展科学思维，如能够基于生物学事实和证据运用归纳与概括、演绎与推理、模型与建模、批判性思维、创造性思维等方法，探讨、阐释生命现象及规律，以发展科学探究能力，形成生命观念，审视或论证生物学社会议题，培养社会责任。可见，科学思维是生物学科核心素养中的基础素养。

科学思维既是思悟力的一种表现，也是生物学学习最重要的一种能力。按照能力的高低，可大致分为两个层次：科学思维的基础能力和高级能力。其中，科学思维的基础能力包括能运用概念解释生物学现象，如学习了光合作用概念后，知道绿色植物能利用太阳能（光能），把二氧化碳和水合成为贮存了能量的有机物，同时释放出氧气。所以阳光照射金鱼藻后会产生气泡，阳光下的树林氧气比较充足。科学思维的高级能力包括能总结归纳一定的模式或规律，并用数据预测实验结果、进行决策或论证。还是以光合作用的概念为例，学习后，经过分析、比较、概括、联想总结归纳出思维导图（见图1-1）或表格、图形等，以此思维导图为知识体系，结合数据的分析解答问题。

要想学生达到科学思维的高级能力，需要结合学生的最近发展区，经过多次思维训练，包括思维精准性训练（如错题本的使用，帮助学生形成良好的习惯）、思维开阔性训练（如学法指导，举一反三）、创新思维训练（如鼓励学生提问，培养问题意识）、思维敏捷性训练（如帮助学生广泛阅读，增强实验的体验）等。学生掌握了相关的知识体系，建立了相应的思维模板

（框架）后，就能更有条理和逻辑地解释新事物或解决新问题。

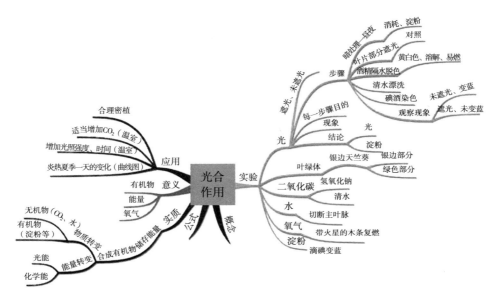

图1-1　光合作用思维导图

━━━◆ 基于思维框架的试题分析 ◆━━━

【自主学习】

1.　　　　　　是绿色植物制造有机物的主要器官。凡是含有　　　　　的植物细胞都能制造有机物。

2.　　　　　　既是生产有机物的"车间"，也是将光能转变为化学能的"能量转换器"。

【自主检测】

1.光合作用的原料是（　　）。

　　A.叶绿素、水和二氧化碳　　　　　B.二氧化碳和水

　　C.淀粉和氧气　　　　　　　　　　D.光、叶绿素和水

2.植物进行光合作用的条件是（　　）。

　　A.水　　　　　　B.二氧化碳　　　　C.光　　　　　D.叶绿体

3.绿叶在光下合成淀粉的实验中，把盆栽的天竺葵放在暗处一昼夜，其目的是（　　）。

　　A.便于检验淀粉的多少

　　B.有利于除去叶绿素

　　C.让叶片内原有的淀粉运走耗尽

　　D.便于用碘液检验

4."绿叶在光下合成淀粉"实验的正确顺序是（　　）。

　　①把叶片放到装有酒精的烧杯中隔水加热。

　　②把天竺葵放在光下照射。

　　③用黑纸片把天竺葵叶片遮盖一部分。

　　④把天竺葵放在黑暗处一昼夜。

　　⑤把部分遮光的叶片摘下，去掉黑纸片。

　　⑥用清水漂洗叶片后滴加碘液。

　　A.②⑤①⑥　　　　　　　　　B.④③②⑤①⑥

　　C.②③④⑤①⑥　　　　　　　D.②④③⑤⑥①

5."绿叶在光下合成淀粉"的实验可以证明光合作用需要（　　）。

　　A.光　　　　　　　　　　　B.二氧化碳、氧气、叶绿体

　　C.光、水、氧气　　　　　　D.光、叶绿素、二氧化碳

6.绿色植物通过光合作用制造的有机物主要是（　　）。

　　A.淀粉　　　　B.脂肪　　　　C.蛋白质　　　D.氧气

7.光合作用的实质是（　　）。

　　A.制造有机物，释放氧气，把有机物里的能量释放出来

　　B.分解有机物，释放氧气，把光能转变成有机物里的能量

　　C.制造有机物，释放氧气，把光能转变成有机物里的能量

　　D.分解有机物，释放二氧化碳，把有机物里的能量释放出来

8.植物能够进行光合作用的部位是（　　）。

　　A.整个植物体　　　　　　　B.绿色的叶片

　　C.所有绿色的部分　　　　　D.只有茎和叶

9.下列有关光合作用的叙述中，不正确的是（　　）。

　　A.光合作用是生物生存、繁荣的基础

B. 光合作用为动物和人类提供食物和能量

C. 光合作用在植物的所有细胞中都能进行

D. 光合作用需要光和叶绿体

【反思学习】

1.1864年德国科学家萨克斯将绿色叶片放在暗处12小时，再将此叶片一半曝光，一半用锡箔遮光。光照一段时间后，用碘蒸气处理叶片，结果发现叶片的曝光部分显蓝色，遮光部分显棕色。则该实验可以证明（　　）。

①光合作用需要水；②光合作用需要光；③光合作用需要叶绿素；④光合作用能产生淀粉。

A. ①②　　　　　　　　　　B. ②③

C. ③④　　　　　　　　　　D. ②④

2.在验证"绿叶在光下制造有机物"的实验中，实验前把盆栽的天竺葵放到黑暗处一昼夜的主要目的在于（　　）。

A. 让叶片积累更多的光合作用需要的原料

B. 让叶片内的淀粉运走耗尽

C. 使叶片内的淀粉贮存在叶绿体中

D. 保护叶片，顺利完成实验

3.光是绿色植物制造有机物不可缺少的条件，用两个圆的黑纸片将一盆经黑暗处理一昼夜后的银边天竺葵的一个叶片的上下两面遮盖起来（见图1-2），然后放在阳光下照射几小时。取下叶片，酒精脱色，漂洗，滴加碘液。请回答下列问题：

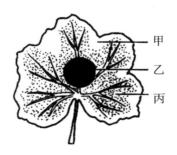

图1-2　用圆的黑纸片将叶片上下两面遮盖起来

（1）现象记录与分析（见表1-2）：

表1-2 "光是绿色植物制造有机物的不可缺少的条件"实验现象分析表

叶的部位	现象	原因分析
白边（甲）	不变蓝	
遮光部分（乙）	不变蓝	
未遮光部分（丙）		有叶绿体，又有光照，产生了淀粉

（2）实验中，甲处和丙处的对照说明了＿＿＿＿＿＿＿＿＿＿。

（3）实验中，＿＿＿＿＿＿处和＿＿＿＿＿＿处的对照说明了光是植物产生有机物必不可少的条件。

（4）将银边天竺葵放在黑暗处理一昼夜的目的是＿＿＿＿＿＿＿＿。

核心素养下的思悟教学分析

——以《细胞的生活》一课为例

一、分析教材

《细胞的生活》是人教版《生物学》七年级上册第二单元第一章第四节的内容，通过本章前三节的学习，在之前的学习中，学生观察了各种动、植物细胞，已初步构建了"细胞是生物体结构的基本单位"的重要概念，认识到生物体最基本的生命活动是通过细胞的生命活动实现的。

《细胞的生活》以通俗的类比、演示实验和典型的事例让学生进行自主探究，了解细胞生活需要无机物和有机物（营养物质）；理解细胞膜控制物质的进出，线粒体和叶绿体是细胞的能量转化器，细胞核是细胞生命活动的控制中心，最终构建"细胞是生物体生命活动（功能）的基本单位"的重要概念。

本节内容共2课时，本说课的内容为第一课时"细胞的生活需要物质和能量"。本节课是前三节的延续，而且为下一章《细胞怎样构建生物体》的内容的学习打下基础，因此起到承上启下的作用。

二、分析知识点

依据肖瓦尔特（Showalter）（美）科学内容知识分类观点，本节的事实性知识有两类：一类是物质，包括水、氧气、葡萄糖、蔗糖；另一类是实验，主要是种子燃烧的实验。而概念性的知识则包括物质（无机盐、糖类、脂质、蛋白质、核酸）、细胞（细胞膜、叶绿体、线粒体、细胞核）、能量（光能、化学能、热能），以及陈述性概念，如"细胞的生活需要物质和能量""细胞中的物质可以分为无机物和有机物两大类""细胞膜控制物质的进出""叶绿体和线粒体是细胞中的能量转换器"等。

三、分析学情

学生已具有动、植物细胞的基本结构与"细胞是构成生物体的基本单位"的认识，初步具有发现问题、提出问题以及做出假设或推测、观察、探究等技能。学生从生活中知道每天摄入的食物中有营养物质，能列举一些营养物质的名词。学生能列举一些形式的能量。

由于学生缺乏有关物质的组成、性质、分类与能量形式及其相互转化等知识，因此"细胞的生活需要物质和能量"及"细胞中的物质可以分为无机物和有机物""细胞膜控制物质的进出""叶绿体和线粒体是细胞的能量转换器"等概念是学生的学习难点。教师需要利用观察实验、演示实验、多媒体动画及真实的问题情境等，引导学生观察、实验、讨论与论证，多感官配合，促进学生构建、理解重要概念，提高学生的论证探究能力。

四、采用策略

1. 形象类比的问题驱动（见图1-3）

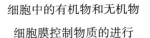

细胞中的有机物和无机物 ➡ 营养物质
细胞膜控制物质的进行 ➡ 吃喝拉撒
细胞中的能量转换器 ➡ 能量获取

图1-3 "细胞的生命活动是生物生命活动的缩影"的依据

2. "结构与功能相适应"观念的贯穿

其目的是落实生命观念的教学，落实学科核心素养（见图1-4）。

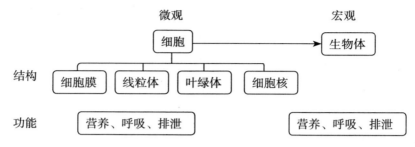

图1-4 生命观念的结构与功能相适应

3. 重要概念的建构

其目的主要是落实《义务教育生物学课程标准（2011年版）》"关注重要概念的学习"教学建议（见图1-5）。

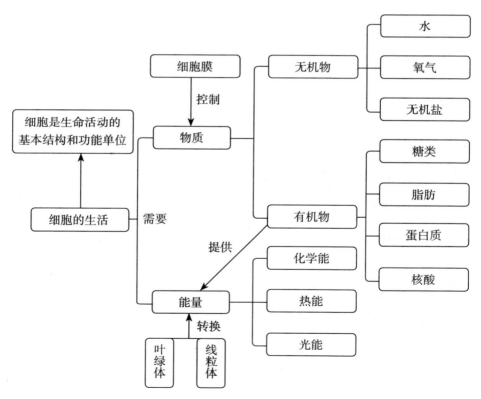

图1-5 《细胞的生活》重要概念关系

五、制定教学目标

1. 生命观念

说明细胞生活需要无机物和有机物；有机物构建细胞，为细胞的生命活动提供能量；阐明在细胞的线粒体和叶绿体上，发生物质和能量的转化；阐明细胞膜能控制物质的进出。

2. 科学探究

通过资料分析，提升学生的信息处理能力；通过小组合作实验、小组讨论等活动，提升学生的合作学习能力；通过科学探究活动，提升学生的科学探究能力

3. 科学思维

通过推测、对比分析、类比分析等，提升学生的科学思维能力。

4. 社会责任

通过仔细观察、描述实验现象，训练学生养成实事求是的科学态度。

六、思悟关键

1. 思考重点

本节课的重点是"细胞的生活需要物质和能量"这一重要概念。为此，需要构建"细胞中的物质可以分为无机物和有机物两大类""细胞膜控制物质的进出""叶绿体和线粒体是细胞的能量转换器"等概念为基础。

2. 思考难点

本节课的难点是"细胞中的物质可以分为无机物和有机物"（超前的物理、化学知识）、"细胞膜控制物质的进出"（抽象的知识）、"叶绿体和线粒体是细胞的能量转换器"（抽象的知识）等概念。

3. 领悟观念

形成"生物体结构与功能相适应"的生命观念。

七、思悟方法

本节课的知识较抽象，宜采用演示法、讨论法、类比法、推理法、启发

式教学法等教学方法来开展教学。

本节课运用问题驱动式教学的方式，先提出问题，按照"提出问题—演示实验—图片—学生实验—讨论—推测—归纳总结"的过程来进行，充分利用生活中常见的事例进行知识的类比和迁移。通过多媒体教学和学生亲自探究，让学生带着问题去观察、思考，利用生活经验归纳总结出细胞中有哪些物质和线粒体、叶绿体在能量转换中的作用，来突破重难点。

思悟的过程

从学科核心素养的发展来看，结合信息时代的背景，可以看出思悟力培养对学生综合素质发展的重要性。学习的实质是一个外化向内化的过程，是一个经历了"学思悟行"的过程，即在"学"中会"思"，从"思"中能"悟"，从不断地"悟"而到最后能成"行"。

"学"是起步，不可避免地会遇到问题，这时就可以展开"思"了，这种思维活动，也有可能是自动自发进行的。"思"不仅仅意指思考，更有反思、内省之意，一次顺利的解答有时比不上一次失败对于"思"的价值。从自己亲身经历的错误失败或挫折中，在一定指导下进行反思和学习，从各种不同的尝试中，特别是错误的尝试，能够得到更多的收获和提高。没有"思"的素材，没有仔细揣摩与比较，没有别人或教师的专业指点，难以"思"有所成。

不断地"思"，能够帮助学生强化对"学"的深入理解，能够更好地"悟"，能够把自己之前多年学习积累起来的经验教训再次融合和提炼，之后必定会有所洞悟，并在自己的思维和行为能力上有所突破提升，此谓之"悟"。

"悟"后就要学以致用了，在实际工作中要有意识地用起来。但一般来说，因为惯性的存在，一时半会用不起来或不知从哪里下手，为此需要创造一定的时间和空间可能性，有意识地尝试应用（模拟演练），虽不能解决实际问题，还可能浪费自己和其他人的时间、精力与资源，但是必须如此。

最后，不断地"思悟行"会逐步形成新的思维和行为习惯，并趋于稳定，也就完成了新旧两套习惯模式的不可逆的转换，也就到达了忘不掉、拿不走而能脱口而出、手到擒来的阶段，这就是真正融合到自身血液中的内在的能力了。

在生活中，我们可用学炒菜来简单类比"学思悟行"的过程。报名厨师班学习炒菜，是一个"学"的过程，这个过程肯定会遇到很多问题，也会遇到很多失败的实践，如盐放多了，油放少了，菜炒煳了，等等，这些都需要不断地"思"，寻找解决问题的方法。在一定的指导下，通过反思和学习，把之前的经验教训融合和提炼，对炒菜的技术水平有了更深的认识，这就是"悟"的过程。但是，如果之后不及时巩固这种认识，就可能把所学、所悟给忘了。即便立即实践，炒菜开始的时候也是手忙脚乱，紧张到手心出汗，如此战战兢兢、磕磕碰碰，经过数月、数十次的"行"后，可以算是一个合格厨师了，不用经过"思"就能比较自如地炒好一个菜，再进一步经过约3～5年的不断实践炒菜，通过"思悟行"有意识或无意识地不断积累，才会成长为一位熟练的厨师，炒菜也就成了一种内化的熟练能力，可以下意识、反应式、习惯性和灵活地自如应用，到达一个新的阶段。

当然，炒菜主要是行为能力，涉及的思悟并不显见，而学生的学习活动更多的是思维能力，其"思悟行"的成长过程阶段会更加明晰。想一想，一个出色的运动员、舞蹈家、音乐家、画家、医生、设计师、建筑师、工程师等，他们的学习实践，所"思"所"悟"所"行"，循环迭代，螺旋上升，直到一个稳定的阶段。

学习的过程规律，是一个需要我们尊重、顺从，而不能主观上违背的客观规律。但真正实际地推动一个学生"思悟行"的顺利成长，还需要一些其他必备的条件和资源。

一、需要强烈明晰的学习目的或需求

所谓不愤不启、不悱不发，没有内心对学习的渴望和认同，"思"也就成了无源之水，而这与学生对自身的定位和学业追求密切相关，与家长、教师或自我能够提供的引导动力和任务驱动力有关。"兴趣是最好的老师。"如果没有社会、家长、教师所组成的动力、压力环境，有多少学生能够坚持不懈、持之以恒地完成十几年不间断的学习生涯呢？

周杰伦在接受采访时曾说："我的音乐底子打得厚，都是妈妈'陪'出来的。"他说，他学琴时，妈妈每天都站在他后面，"她站了五六年后，我告诉她，我不要学了！她在我后面就教训我！当时我觉得好委屈。"他说，妈妈是老师，个性严肃，"她站在后面不会累吗？她是基于关心……"

二、需要科学的学习方法指导和辅助资源

思悟的过程存在很多障碍，"学什么""思什么""怎样学""怎样思"都是非常系统的工程，这就需要建立系统的学习训练体系，需要可靠的外部资源和教师的指导来辅助。教师作为教学的专业人员，在学生的学习中起着关键的指导作用。周国平老师说，"一切的学习本质上都是自学"，但学生的自学需要专业的指导，即便一个人的天赋再高，也得有专业的指导，而不是仅仅依靠自我来完成"思悟行"的成长过程。

当今的竞技体育，教练的作用远远超过世人的想象。例如，在自行车比赛中，骑手的能力固然重要，但教练的指导更重要，甚至在顶级的车队当中，教练水平的高低可能就是输赢的关键，好的教练不但能够挖掘出车手的潜力，提升车手的实力，更能够帮助车手在整个赛季当中调整最佳状态，在比赛的时候使用最高效率的制胜手段。为什么顶尖的运动员也需要教练？因为顶尖教练的存在，才是他们成为顶尖运动员最强的后盾之一。

三、需要合作学习等方式来共同学习和共同成长

一个人可以走得很快，但一群人可以走得很远。学习是一个漫长的过程，需要长期的坚持，需要绵绵用力，久久为功。合作学习可以降低独自学习的孤独，能够在学生个体出现自励能力降低、自律意识懈怠的时候，通过朋辈鼓励、师生互动把学习坚持下去。这个过程可以是大班的学习，也可以是4~6人一组的小组学习，即使是一对一的师生组合，也是一个小团队，也比一个人面对一本书、一个目标的独自学习更容易坚持下来，因为具备坚强意志力和坚韧不拔精神的人总是少数。

四、需要学校教学管理层优秀的顶层设计和战略视野

教育不同于产业，学生的学习进步需要长期的训练和成长，非一日之功。三五年的教学改革，不一定能看到效果，甚至会出现顶层设计偏离学生

实际的情况。良好的教学改革虽然见效慢，但到改革的中后期就会形成良性循环，成效逐步增多。最难坚持的就是开始阶段，会有很多的阻力。所谓万事开头难，烟民戒烟、肥胖者减肥也是如此。另外，教学改革最容易被教师的事务性工作特别是班主任工作给挤到一边，因为教学的惯性容易让教学改革一拖再拖而处于原地踏步状态，只有从更高、更长远的战略视野看待并坚持，教学改革最终才能在未来给学校、教师以及学生个人带来丰厚的回报。

思悟的教学价值

教育要注重学生综合素质的培养，注重学生可持续发展素养的培养，为学生的终身发展奠基。当代教育教学理论繁多，从多元智能到建构主义，从合作学习到认知学习，结合生物的学科特点，我认为生物学科的思悟要紧紧围绕"人文价值"和"科学价值"两个关键词。

一、人文价值

人文价值，即尊重人性为本的价值理念，生物课堂思悟教学的人文价值有两层含义：第一，强调教学过程的人文价值，即强调教学过程中"以生为本"，体现对学生作为人的价值的尊重。教师应充满温情和爱心来对待学生，发现学生的生命存在价值，重视学生的兴趣和需要，了解每一个学生的每一个特长和闪光点，尊重学生、理解学生、启发学生、关爱学生，使其个性得到自然的发展。具体来说就是构建"思悟行"课堂，为学生提供有价值的学习材料，让学生自主学习、自主发展。第二，强调教育目的的人文价值。当前，无论是家庭、学校还是社会教育，都缺乏对青少年的挫折教育和生命教育。联合国人类环境会议发表的《人类环境宣言》中提出，人类是环境的产物，也是环境的塑造者。如果人类对环境缺乏正确的认识（无知或无德），将会给人类自己和环境带来不可估量的损害。这些都促使我们从人文价值的角度去关注教育的目的——培养具有正能量的人。初中阶段是学生健全人格、健康心理形成的关键期，正确的人文价值取向（乐观、积极、向上、充满热情、希望与信念）对学生的健康发展有着深远的影响。这需要教师抓住一切可以利用的契机对学生开展关于人文价值的教育，如在"十月怀胎，一朝分娩"教学中挖掘生命教育，在"种子萌发"教学中提炼挫折教育，在"青春期"教学中渗透理想教育，在"爱护植被"教学中倡导环保教育，等等，以丰富生物教学的人文价值内涵。

二、科学价值

科学价值同样有两层含义：第一，生物是一门自然科学，生物的学科教学要注重培养学生的学科素养，使其在教学活动中习得生物学知识，养成科学思维的习惯，形成积极的科学态度，发展终身学习的能力；第二，科学课堂强调运用科学的教学方法启发学生思考（思），引导学生领悟生物学家在研究过程中所持有的观点以及解决问题的思路和方法（悟），促进学生的主动实践（行）。无论是教师的教还是学生的学，科学课堂呈现出这样一种状态：教学氛围和谐，师生关系融洽，学生积极参与，兴趣激发充分，教学方法科学，环节衔接自然，过程精彩跌宕。

现代教育的价值取向是追求人的全面发展，而不仅仅是要求知识的积累和观念的更新。具有人文价值的科学课堂，才能培养出既具有扎实的生物科学知识基础，又具有健全的人格；既具有全面的生物科学素养，又具有人文精神的完整而幸福的现代人。

第二章

思悟教学

2

本章简介：我认为，每个学生都如同一颗种子，充满了巨大的潜能，只是由于类型不同，觉醒的时间也不同。我最大的愿望是为这些种子提供适宜的环境条件，使其在最适合的时机茁壮成长。因此，课堂就是为学生提供有价值的学习材料，让学生学会自主学习，即学会独立思考，提高思维能力，改善思维品质，引导自我感悟，促进实践创新。在课堂教学中，学是核心，教是辅助，学习是学生自己的事，教师的角色是促进学生主动学习。

思悟教学的源起

何为思悟？思悟什么？其理论依据是什么？要回答这些问题，我想先和读者一起回顾我的教学历程，用我的教育教学实践来和大家说明思悟教学。我的专业成长过程，大致可分为以下三个阶段。

第一个阶段：崭露头角，尝试进行信息技术整合教学。

2002年9月，带着满腔热忱的我踏上了华英学校的三尺讲坛。华英学校与佛山一中一脉相承，刚独立复办不久，是一所新型初中，很有名气，是佛山市综合实力较强的初中之一。当时，因办学条件所限，华英学校与佛山一中的教师共用一个教师饭堂，借此条件，初为人师的我得以从众多优秀的老教师的言行中汲取营养，迅速成长。"站稳讲台，热爱学生"，这是佛山一中和华英学校对新教师最朴素的要求。我当时对这句话的理解是以学生为本，落实教学环节，脚踏实地教学。在科组长宋朝晖等老师的指导下，我认真学习了新课改后的教材及新课程标准，了解本学科、本学段学生相应的知识结构和能力水平，用心备好和上好每一节课。当时，因为是新课改第一年，很多教师都在尝试用好新教材的方法。市教研员张芸老师也想了解新教材的使用情况，因此到华英学校来听课，刚刚踏上讲坛不到两周的我成了听课的对象，听课的内容刚好是新课改的重点之一：探究实验。为此，我连续两天备课到深夜，研究"光对鼠妇生活的影响"，最后，上了一堂还算出色的公开课。课后，张芸老师充分肯定了我作为一名新教师能够如此快地站稳讲台的能力，对我制作的课件赞不绝口（我用牛顿被苹果砸中引入，并制作成动画）。

言者无意，听者有心，那时候的计算机多媒体技术发展刚刚起步，我想这或许可以成为我教学上的突破点。于是，我借着在大学时期掌握的一些多媒体技术，暗暗下决心在两年内制作新教材的全部课件。由于是新教材，没有任何现成的材料，写教案，设计脚本，做课件，一个个精美的Authorware（当时一种交互性较强的课件制作工具）、Flash等课件呈现在学生面前，看到学生上课时专注的表情，我的心里特别激动。在我看来，多媒体课件是一种重要的信息化教学资源，它能为课堂教学营造浓厚的氛围，使学生以最佳的状态投入学习；能增强课堂教学的直观性、形象性和生动性，为释疑解难创设巧妙的突破口；能使语言材料变成可感知的声音，在朗读中激发学生的情感；能为学生提供创新思维的感性材料和空间，给学生思维创新带来无限的遐想。2005年6月，学校举办"课堂教学标志与轻负高质"的教师论坛，我认真设计了一个故事情节，配以一个精美的课件，所执教的《人体的三道防线》一课获得一等奖，得到了很多老师的肯定。但是，也有部分老师认为这种以多媒体课件为主导的课堂，预设太多，课堂的生成不够，容易固化师生思维。果不其然，虽然学生都非常喜欢上我的课，但在这个学期的期末考试中，我所教班级的成绩在整个年级的排名只是中等，与我的预期还有一定的距离。

"好的开始是成功的一半。"在这个阶段，我凭借新教师的工作热忱与先进的多媒体课件制作技术，在新课改开始的阶段走出了一条信息技术整合课堂的新路，但是，有两个问题引起了我更深的思考：学生的成绩为什么没有与课堂的表现同步？我的课堂教学在哪些方面还有较大的缺陷？

第二个阶段：千锤百炼，"思悟行"课堂教学的实践与研究。

苏霍姆林斯基说："不要让能力和知识关系失调。""所谓能力和知识之间的关系失调，表现为学生还没有具备作为掌握知识的工具的那些能力，可是教师已经把源源不断的新知识硬塞给他。"第一个阶段的课堂教学，是从教师的角度来进行设计、实施，用课件"把源源不断的新知识硬塞给学生"，学生的表现也正好体现了"能力和知识关系失调"。因此，教师的课堂应该更多地从学生的角度来设计教学，课件只是教学的辅助，辅助教师的教，但要让学生真正掌握知识和能力，最主要的是利用课件来辅助学生的学。反思《人体的三道防线》一课，我虽然根据学生的特点把《人体的三道防线》这堂课的教学内容设计成一场战争的分析，战场就是"华英国"，第一道防线是城墙，对应皮肤等结构；第二道防线是士兵，对应溶菌酶等物质；第三道防线被我比喻成特种武器，对应抗体这一特殊的蛋白质，通过故事情节激发了学生的兴趣，但在教学中，学生对溶菌酶、抗原、抗体的概念还是比较模糊的。为了使学生学会自觉地把概括的东西运用于生活实践，必须让他们独立地搜集大量的事实，思考这些事实，并对它们进行系统整理、对比和分析。这一节课，如果能再让学生发挥学习的主体作用，通过角色扮演活动，引导学生从自身角度去思考，感受和理解知识，通过联想、类比让学生在合作讨论中发现规律、突破难点，教学效果应该会更好。

生物学是描述生命现象和生命活动规律的，是真实存在的，课件的模拟是一个有效的补充，但绝不是课堂的主体，课堂的真正主体是学生。于是，我在注重信息技术与学科整合的基础上，尝试构建"思悟行"的课堂。课堂的教学，归根到底是学生对学习内容的思考（思）、内化（悟）和实践（行）的过程。如何进一步改变学生学习的方式，让学生从机械地听课、练习、考试中跳脱出来，真正成为课堂的主体？这需要持续不断的课堂教学实践。

在这些课堂教学实践中，特别是公开课、赛课、同课异构等教学活动，通过磨课、试教、上课、评课等环节，既锤炼了自己，也锤炼了课堂，更提高了自己的教学设计能力和课堂组织能力，使我能更有效地应对课堂的生成性问题。最重要的是，通过研究"思悟行"的教学风格，我学会了从学生的角度思考问题，落实了"以生为本"的理念。

对课堂教学的研究带给了我成功的体验，也让我感受到了教育教学专业理论知识的匮乏和继续学习的必要性。因此，我开始了课题研究，通过课题研究引领自己的专业成长。在平时的教学研讨中，要解决教学上存在的问题，可根据问题的大小进行校本教研或立项科研课题。课题研究为我的课堂教学打开了一扇新的门，开阔了我的视野，磨炼了我的能力，提升了我的专业思想和专业素养，"不经一番寒彻骨，怎得梅花扑鼻香？"在一次又一次艰辛的实践探索中，"思悟行"生本教学理念逐渐形成，其教学成效得到科学的实践验证。

第三个阶段：水到渠成，"思悟行"练就风格。

"学而不思则罔，思而不学则殆。"一名优秀的教师不仅要站稳讲台，还需要学思结合，知行合一，做一名学者型、智慧型的教师。如果说第一个阶段我是从懵懵懂懂中走过来的，是一个摸索者；第二个阶段我是从生疏到熟练中走过来的，是一个实践者；那么第三个阶段，通过前两个阶段的反复学习、反思、行动，我想有意识地走回去，重新审视自己的课堂，做一个知行合一者。

第三个阶段的"思悟"，就是不断地将"思悟行"反复实践，使思悟教学能力呈螺旋式上升，逐步形成新的思维和行为习惯，并趋于稳定。当中还有很多不同的尝试，如立体探究、自主学习和合作学习等，但这些教学最终都直指思悟的本质，更加巩固了我坚持思悟教学的决心。

苏霍姆林斯基说："掌握知识和获得实际技巧是儿童在教师指导下进行的一种复杂的认识活动。强烈的学习愿望、掌握知识的愿望，是这一活动的重要动因。"只有在课堂上重视学生的主体作用，激发学生主动学习的愿望，才能提高教与学的效率，让学生从中学会学习、学会生活、学会做人，从而达到"教是为了不教"的目的。"思悟行"课堂突出了教学的本质，重点关注学生的学科核心素养，让学生的思考、自悟、实践成为完成教学任务的主线。

刍论思悟教学

思悟教学的本质是启发式教学。"启发"一词，源于孔子的"不愤不启，不悱不发"，即不到学生想弄明白却又弄不明白的时候就不要去开导他，不到学生心里明白却又不能用言语准确地表达的时候就不要去启发他。可见，孔子的启发式教学强调以生为本、以学生为主导的生问师答的方式。

子贡曾和孔子有过以下对话，子贡问曰："贫而无谄，富而无骄，何如？"子曰："可也。未若贫而乐，富而好礼者也。"子贡曰："《诗》云，'如切如磋，如琢如磨'，其斯之谓与？"子曰："赐也，始可与言《诗》矣！告诸往而知来者。"（《论语·学而》）孔子看到子贡能够拿《诗经》中相似的言论来比较，到了心里明白却不能准确表达时才说"始可与言《诗》矣"。老师对于学生是辅助的角色，只在"愤"和"悱"时点醒学生，而非做"灌"答案给学生的机器，因此学生想要在学问上有所增进，需要发挥自己的主观能动性。

苏格拉底也很重视启发式教学，他把自己比喻成"知识的产婆"，自己虽然不能生产出知识，却能通过"助产"来帮学生获得知识。"产婆术"教育思想强调教育的目的是唤醒而不是塑造。这种教育思想认为，知识绝非他人所能传授，而是学生在思考和实践的过程中逐渐自我领悟的。教育是一个"接生"的过程，教师就是"接生婆"，"产婆术"又称"苏格拉底法"，由讥讽、助产、归纳、定义四个步骤组成：

（1）讥讽：就对方发言不断提出追问，使对方陷入矛盾，承认自己的无知。

（2）助产：引导对方自己找到问题的答案。

（3）归纳：从各种具体事物中找到事物的共性。

（4）定义：把个别事物纳入一般概念，得到事物的普遍概念。

苏格拉底的启发式教学强调以教师为主导的师问生答的方式。

苏格拉底曾与一个青年辩论"什么是善行"。苏格拉底问青年："你知道什么是善行，什么是恶行吗？"青年人答道："当然知道。"接着苏格拉底问："虚伪、欺骗、偷盗、奴役他人是善行还是恶行？"青年回答："当然是恶行。"紧接着苏格拉底说："将军在作战时欺骗敌人也是恶行吗？"这时青年人陷入矛盾，最后苏格拉底通过不断追问和引导，找到"善行"的共性，归纳出"善行"的普遍概念。

无论是孔子的启发式教学，还是苏格拉底的"产婆术"，都非常重视学生的思考。孔子反对生硬地将知识灌输给学生，他认为这样并不能达到良好的学习效果，而关键在于启发学生去思考、琢磨，也不是教师替学生去反复举例，而是启发学生自己举一反三，达到触类旁通。苏格拉底同样不主张给学生灌输概念，而是通过提问让学生作答，通过追问引导学生形成认知冲突，最后一步步引导学生自己在不断思考的基础上得到最终概念。

思悟教学不仅注重学生的思考，还强调结构性思考，从框架的角度出发，利用整体和部分的关系，有序地思考，从而使解释新事物更有条理性和逻辑性。

思悟教学的理论基础是建构主义（Constructivism），也译作结构主义。建构主义认为，儿童在与周围环境相互作用的过程中，逐步建构起关于外部世界的知识，从而使自身的认知结构得到发展。儿童与环境的相互作用涉及两个基本过程：同化与顺应。同化是指把外部环境中的有关信息吸收进来并结合到儿童已有的认知结构（也称为"图式"）中，即个体把外界刺激所提供的信息整合到自己原有认知结构内的过程。顺应是指外部环境发生变化，而原有认知结构无法同化新环境提供的信息时所引起的儿童认知结构发生重组与改造的过程，即个体的认知结构因外部刺激的影响而发生改变的过程。可见，同化是认知结构数量的扩充（图式扩充），而顺应则是认知结构性质的改变（图式改变）。认知个体（儿童）就是通过同化与顺应这两种形式来达到与周围环境的平衡：当儿童能用现有图式去同化新信息时，他处于一种平衡的认知状态；而当现有图式不能同化新信息时，平衡即被破坏，而修改或创造新图式（顺应）的过程就是寻找新的平衡的过程。儿童的认知结构就是通过同化与顺应过程逐步建构起来的，并在"平衡—不平衡—新的平衡"的循环中得到不断的丰富、提高和发展。

建构主义认为，知识不是通过教师传授得到的，而是学生在一定的情境（社会文化背景）下，借助其他人（包括教师和学习伙伴）的帮助，利用必要的学习资料，通过意义建构的方式获得的。由于学习是在一定的情境（社会文化背景）下，借助其他人的帮助（通过人际间的协作活动）实现意义建构过程的，因此建构主义学习理论认为情境、协作、会话和意义建构是学习环境中的四大要素或四大属性。情境：学习环境中的情境必须有利于学生对所学内容的意义建构。这就对教学设计提出了新的要求，也就是说，在建构主义学习环境下，教学设计不仅要考虑教学目标分析，还要考虑有利于学生建构意义的情境创设，并把情境创设看作是教学设计的重要内容之一。协作：协作贯穿学习过程的始终。协作对学习资料的搜集与分析、假设的提出与验证、学习成果的评价直至意义的最终建构均有重要作用。会话：会话是协作过程中不可缺少的环节。学习小组成员之间必须通过会话商讨如何完成规定的学习任务和计划。此外，协作学习过程也是会话过程，在此过程中，每个学生的思维成果（思悟）为整个学习群体所共享，因此会话是达到意义建构的重要手段之一。意义建构：它是整个学习过程的最终目标。所要建构的意义是指事物的性质、规律以及事物之间的内在联系。在学习过程中帮助学生建构意义，就是要帮助学生对当前学习内容所反映的事物的性质、规律以及该事物与其他事物之间的内在联系达到较深刻的理解。这种理解在大脑中的长期存储形式就是前面提到的"图式"，也就是关于当前所学内容的认知结构。由以上所述的"学习"的含义可知，学习的质量是学生建构意义能力的函数，而不是学生重现教师思维过程能力的函数。换句话说，获得知识的多少取决于学生根据自身经验去建构有关知识的意义的能力，而不取决于学生记忆和背诵教师讲授内容的能力。

综上所述，建构主义学习理论提倡的学习方法是教师指导下的、以学生为中心的学习；建构主义学习环境包含情境、协作、会话和意义建构等四大要素。结合孔子和苏格拉底的启发式教学，我们就可以将思悟教学的教学模式概括为：以学生为中心，以教师为主导，利用情境、协作、会话等进行有效的思维训练，充分发挥学生的思悟力，最终使学生有效地实现对当前所学知识的意义建构的程序性活动。在这种模式中，学生是知识意义的主动建构者；教师是教学过程的组织者、指导者，是意义建构的帮助者、促进者；教材所提供的知识不再是教师传授的内容，而是学生主动建构意义的对象；媒体也不再是帮助教师传授知识的手段、方法，而是用来创设情境、进行协作学习和会话交流，即作为学生主动学习、协作式探索的认知工具。显然，在这种场合，教师、学生、教材和媒体等四要素与传统教学相比，各自有完全不同的作用，彼此之间有完全不同的关系。但是这些作用与关系也是非常清楚、非常明确的，因而成为教学活动进程的另外一种稳定结构形式，即建构主义学习环境下的教学模式。

思悟教学是建构主义学习环境下的一种模式，是充分考虑学生思悟力的发展，并且采用有效的思维训练，充分发展学生思悟力的教学实践活动。

一、思悟教学要注重培养学生思悟力发展的条件

学生的学习是一个主动与环境交互进行自我建构的过程，学生不是一个被动接纳知识的容器。只有保持这种认识，才能真正地实施思悟教学。在教学过程中，如果我们未经有效训练就直接把正确答案告知学生，看似帮助学生解答了问题，但学生并不能做到真正地消化知识，往往学后就忘。只有引导学生主动学习，让学生主动思考，特别是形成思考的框架，学生才能真正把知识融合成自身的一部分，才能更好地"行"，即应用于生活。

在这个过程中，有以下几点建议。

1. 创设和谐、民主的课堂氛围

在教师权威至上的课堂，学生的主动思考会受到抑制，思悟的收获自然不多。只有教师保持"三人行，必有我师"的态度，平等地看待学生，和学生一起探讨问题，偶尔表现出自己的无知，引导学生说出自己的想法，课堂才能生成更多思悟的火花。教师只有建立一种和谐、民主的教学氛围，才能真正启发学生去思考，否则教师高高在上，学生唯命是从，学生将失去思悟的机会。

2. 充分调动学生积极性，引导学生主动进行思考

德国著名教育家第斯多惠曾说："一个坏的教师奉送真理，一个好的教师则教人发现真理。"教师在教学过程中应注意培养学生思悟的习惯，避免

照本宣科。

一要注重情境的创设，学生的"同化"和"顺应"需要以一定的"图式"为基础，此"图式"就是学生已有的知识基础（最近发展区）或思悟后形成的知识框架。例如，在《调查周边环境中的生物》一课中，把学生带到生物园去进行教学，学生的积极性就非常高，主动观察不同环境中的生物，主动思考调查的路线和出现的问题，找到解决问题的方法。

二要注重分析学生的最近发展区。教学设计要难度适中，要了解学生的已有水平，将新知识建立在学生已有的知识水平上，让学生始终处于最近发展区内，让学生产生"跳一跳能摘到桃子"的欲望才能引发思考，并教会学生运用语言进行总结和归纳，能够联系生活实际，举一反三。过难的题目会抑制学生思悟的积极性，过易的题目学生则几乎不需要思考，无法让学生积累更多的思维框架。

三要把握课堂的节奏。教师运用语言、表情、动作等多方面的配合，结合节奏的控制，学生的注意力才能更容易集中。课堂节奏不宜过快也不宜过慢，过快的节奏学生跟不上，思考都没有，哪能"悟"呢？过慢的节奏学生就会开小差，影响课堂的效率。

3. 把握教学的契机，主动追问学生帮助其建立思悟模式

教师要善于把握时机，在学生学习出现障碍和困难的时候，主动追问学生，帮助其建立思维框架。例如，大部分植物的光合作用白天很好，都可以吸收二氧化碳释放氧气，但如果把过多的植物放在卧室，第二天却容易导致人缺氧头晕，这是为什么呢？这时候学生回答晚上没有光合作用，那么教师追问：为什么还会使人缺氧头晕呢？引发学生思考，引入呼吸作用的概念。还可以进一步追问：有没有适合放在卧室的植物？有没有晚上也吸收二氧化碳的植物？通过追问，鼓励学生发散思维，寻找答案，从而建立稳定的思悟模式，更好地理解光合作用和呼吸作用的区别和联系。

4. 把握等待的契机，主动留白，帮助学生思悟

苏格拉底有主动追问的精神，孔子有留白的艺术。在提问或启发学生后，要给学生充分的时间去自我消化，给予学生思悟的时间。这时候教师要有足够的耐心，不能因迫切想让学生明白而直接告知答案。当学生对知识点的思悟出现困难的时候，教师只需要稍稍点拨，然后留给学生自己思悟，这样往往比快速获得答案来得更有价值。

思悟教学既要注重学生的主动性和积极性，也要了解学生的知识基础和推理能力，充分考虑在合适的条件和合适的时机下促进学生思悟力的发展。

二、思悟教学要采用有效的思维训练来帮助学生思悟力的发展

对于学生来说，思悟是一种能力（简称为思悟力），在不同的阶段，思悟的程度不同，水平不同，总体来说，思悟力的发展要经过一段从低到高的过程。这个过程不仅与认知有密切的关系，还与思维的品质、方法有关，具体表现在知识的运用和迁移上。

建构主义认为，学习过程的最终目标是意义建构，即事物的性质、规律以及事物之间的内在联系。根据建构主义理论，思悟作为一种理性认识活动，是认识世界的一种高级的反映形式，是通过"思"（比较、归纳、分析、抽象等逻辑方法）来达到"悟"（领悟和把握事物的本质和规律）。

下面，我们通过一个例子来认识思维训练的重要性。

测试1：下面14个数字，请在3秒内记住。

1，8，3，4，1，5，3，0，7，2，9，6，7，5。

能够记住吗？不容易，除非是极个别记忆力非常出众的记忆大师。否则的话，即使再给3秒也不太容易记住，为什么？因为这些数字之间看似没有具体的联系。

那我们再来进行一个测试。

测试2：下面14个数字，请在3秒内记住。

0，1，2，3，4，5，6，7，8，9，7，5，3，1。

能够记住吗？不一定，如果你是刚学数字的一年级学生，不一定能够记住。但大部分的一年级学生都能在训练后记住这些数字，而二年级以上的学生，要记住这些数字基本没有困难。为什么？因为我们赋予了这些数字具体的联系，而这些联系很容易被已经具备数字认知能力的学生发现。

如果我们把两组数据放在一起，把相同的数字用线连起来，会发现两组数据的数字完全可以一一对应。实际上，两组数据的数字完全是一样的，只是排列组合不一样。之所以能够轻易记住第二组数据而对第一组数据较难把

握，关键在于第二组数据通过有效的重新排列和组合，呈现出一定的规律和数字之间的联系。

要把握这些规律和联系，需要帮助学生进行思维训练，从而提高学生的思悟力。下面，以人教版《生物学》七年级下册第六章《人体生命活动的调节》第一节内容《人体对外界环境的感知》第一课时为例加以说明。

思悟教学的思维训练

人教版《生物学》七年级下册第六章的内容是在学生生活体验的基础上，认识神经系统和内分泌系统调节人体对环境变化的反应及生长、发育、生殖等生命活动；了解个人的生活习惯与行为选择能对一生的健康产生积极或消极的影响（核心概念）。从教学重难点来看，主要是掌握眼球的结构和功能，这个知识可以通过模型展示、视频演示（抽象到具体）和活动体验（合作学习）来帮助学生思悟；教学的另一个重难点是近视的成因和矫正，这个知识同样比较抽象，可以通过动画、图片、视频、建模来帮助学生思悟。此外，这节课所涉及的知识点还有感觉的类型和部位。

一、思维训练之表格归纳法

表格归纳法可将所学的复杂内容简单化、系统化，既方便理解记忆，也便于复习巩固。在制表的过程中，因需要对所学知识进行整理，因此学生的思维得到训练，归纳分析的能力得到提高，发现问题、分析问题和解决问题的能力也能得到加强。最关键的是，学生通过这个训练所培养的读表和制表能力能帮助学生建模（思悟框架），在后续的学习过程中将发挥出重要的作用。

表格的设计有三种方法：一是科学分类（比较分类思维），关键在于定好标准；二是根据分类设计表头；三是可以同时配合填空的应用，达到对分布式知识点的应用，效果比较不错（见表2-1）。

表2-1　表格归纳法学习"近视的成因和矫正"

类型	晶状体曲度	眼球前后径	物象落在视网膜位置	视野	矫正
近视					
远视					

二、思维训练之思维导图法

说起思维导图，这种思维方法自东尼·博赞创造后，已经在全球范围得到广泛应用。思维导图是一种图像式思维的工具以及一种利用图像式思考的辅助工具。思维导图是使用一个中央关键词或想法引起形象化的构造和分类的想法，它是用一个中央关键词或想法以辐射线形连接所有的代表字词、想法、任务或其他关联项目的图解方式。思维导图是有效的思维训练，应用于记忆、学习、思考等的思维"地图"，有利于人脑的扩散思维的展开。学生通过制作思维导图的训练后，分析、比较、概括、联想能力将会得到提高，以思维导图为思悟框架，对知识的整理更有序、更有条理，对事物的理解和内在联系的认识也将更全面、更深刻。

学生制作思维导图，建议用A4大小的纸张，这样大小合适，也方便整理。制作的时候尽可能图文并茂，并用不同的颜色，使表达更加清晰（见图2-1）。制作一般分三次，在学习完一定的章节后第一次制作（按知识点的章节），在学习完一个单元后第二次制作（该知识点全部学完），复习的时候第三次制作。制作时，先写中心词，再筛选出关键词，然后进行逻辑分类，最后分级整理（越靠近中心词的级别越要避免过多的分支）。

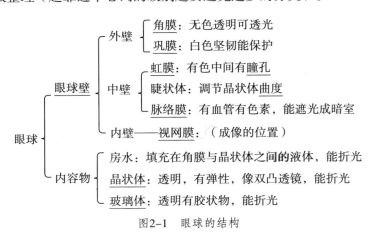

图2-1　眼球的结构

三、思维训练之总结规律法

学生每天学习的知识量很大，且内在的联系并不紧密，要更好地运用和掌握这些知识，就需要对所学的知识进行规律的总结，也就是把非常具体的实验操作步骤、典型题目的解题方法以及学习的内容，总结成比较容易识记的规律。总结规律既是非常重要的思维训练，也是思悟教学的关键环节之一。如何进行总结规律的思维训练？一般的方法是采用关键字词的提炼，让学生重复阅读材料，抓住关键字词组成便于识记规律，如眼球的结构，可概括成一水（房水）二体（晶状体、玻璃体）三层壁（外壁、中壁、内壁）（见图2-2）。另一种方法是先把书读"厚"，再把书读"薄"，即先进行大量的积累，再从中寻找规律性的东西（后面的章节会有详细的举例）。

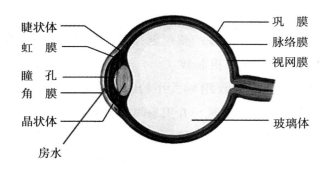

图2-2 总结规律法概括为"一水二体三层壁"

四、思维训练之联系生活法

在信息时代与人工智能时代交错之际，科学知识只有与生产、生活相联系才能"活"起来。当知识与生活相联系，学生感觉学到的知识能用、有用，自然而然地激发学习的兴趣，思悟更为积极，解决实际问题的能力也能得到提高。从学生的认知发展规律来看（下章将详细分析学生的认知发展规律），初中阶段正处于形式运算的初级阶段，逻辑推理、归纳或演绎等抽象思维能力需要得到进一步的发展。知识联系生活，将抽象的内容具体为生活上密切相关的事和物，然后让学生通过"具体—形象—抽象"的思悟过程认识和掌握科学知识，并通过多次这种过程的思维训练，可以培养发展学生的思悟能力（见图2-3）。

图2-3 联系生活法结合表格归纳法引导学生的思悟

体验感觉

周六放假，你约几个同学出去喝奶茶，到了奶茶店后，你闻到了奶茶店传来的香味，听到服务员问你要喝什么。拿到之后，你看到里面有很多珍珠，你觉得奶茶有点冰，你放了一会儿才喝，最后你尝到了奶茶甜甜的味道。请问以上情境中，包括了身体的哪些感觉？分别来自身体哪些部位（见表2-2）？

表2-2 "体验感觉"思维训练表

生活情境	感觉类型	感受部位
闻到……	嗅觉	鼻子
听到……	听觉	耳朵
看到……	视觉	眼睛
觉得……有点冰	触觉	手部皮肤
尝到……甜甜的味道	味觉	舌头

《人体对外界环境的感知》这一课的教学，通过奶茶店喝奶茶这一个学生经常接触的事例，激起学生求知的兴趣，再结合表格归纳，将有用、能用的知识有序化、条理化，提高学生的思悟力。

五、思维训练之能力迁移法

思悟教学中，最重要的思维训练就是能力的迁移。迁移的本质是两种学习之间在知识结构、认知规律上相同要素间的影响与同化，用建构主义的观点来回答，是图式的扩充。第一章有关思悟力的内容中，我们强调，思悟力的培养需要通过丰富的思维训练，建立思维框架或模型，从而使解释新事物更有条理性和逻辑性。知识经验的概括水平是影响能力迁移的重要因素，因此，在教育实践中我们强调要建立思维框架或模型，即表格归纳、思维导图、总结规律，这样才能够在生活中应用，实现能力的迁移。而能够实现能力迁移的人，在同样的学习投入下，学习的成效会远远高于只会重现知识的人。

要在学科教学中帮助学生实现能力的迁移，首先要非常重视核心概念的学习，因为核心概念的抽象程度高，适用范围广，迁移效果好，学生思悟之后可以用来解决大量类似或同类问题。以《人体对外界环境的感知》这一课的核心概念"认识神经系统和内分泌系统调节人体对环境变化的反应及生长、发育、生殖等生命活动"为例，学习了视觉对环境变化的反应后，听觉、触觉等相关问题就可以得到解决。

创设与学习内容相关的情境，即场景模拟法，学习内容和学以致用的情境相类似，有助于能力的迁移。从这个意义上看，联系生活实际也是能力的迁移。不同的地方在于，联系生活更倾向于情感的激发以及"具体—抽象"的应用。

新旧知识类比推理的训练也有助于能力的迁移。新知识一般是旧知识的延伸或组合，两者之间有很多共同属性。通过新旧知识的类比和推理，学生对知识本质和规律的认识得到深化，有助于能力的迁移，从而提高思悟力。例如，学习了《近视的成因和矫正》，可以通过能力迁移掌握"远视的成因和矫正"；学习了眼球的结构，则可以通过能力迁移学习耳的结构（见图2-4）。

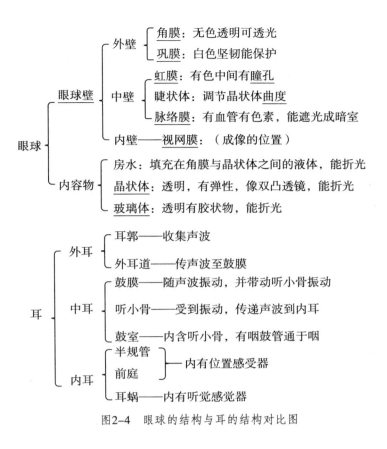

图2-4　眼球的结构与耳的结构对比图

思悟教学的能力培养

教育部《基础教育课程改革纲要》中提出：倡导学生主动参与、乐于探究、勤于动手，培养学生搜集和处理信息的能力、获取新知识的能力、分析和解决问题的能力以及交流与合作的能力，即倡导自主、合作、探究学习。其中自主学习是与传统的接受学习相对应的一种现代化学习方式，鼓励学生从客体性、被动性、依赖性的学习转变成主体性、主动性、独立性的学习。合作学习是互助型学习，强调互动性、交往性，培养学生的参与意识、分工意识、竞争意识和责任意识。探究学习基于问题意识，强调主动参与、创新发展和自主构建。

从学习的目标来看，自主学习主要解决现在发展区，合作学习主要解决最近发展区，发展的过程就是不断把最近发展区转化为现在发展区的过程，即把未知转化为已知、把不会转化为会、把不能转化为能的过程。现代教学理念的内涵面向未来，联系生活，强调能力，因此，开展如何在现代教学理念下培养学生的自主合作学习能力的研究，就是要促进两种发展水平的良性循环，从而促进学生学习素养的提高。

自2001年新课改以来，在众多教育工作者的努力下，学生的学习方式已经发生了改变，逐步走向自主、合作、探究学习，但是，由于不同学段的衔接、不同地域的文化水平差异、教师原有的观念和方法、应试的压力等问题，学生的自主、合作、探究学习等能力并没有随着新一轮课改的深化而进一步提高，立足校情，把自主、合作学习作为切入点，进行自主合作学习能力培养的实践探索，是提高思悟教学成效的关键。因此，思悟教学强调通过培养和提高学生的自主合作学习能力，培养学生"学会学习"这一核心素养，为未来学习、终身学习打下基础。

通过查阅国内外相关著作和登陆知网搜索相关论文，整理分析之后，我们发现自主学习和合作学习之间存在很多联系，对自主学习和合作学习的界定主要有以下三个。

1. 自主学习和合作学习是一种学习方式

北京费洁如老师提出"自主—合作"学习的理念，但早期的研究主要把自主学习和合作学习两者分别作为一种学习方式进行研究。福建师范大学张罡把两者进行了整合，并提出"自主—合作"学习概念，分析了其主体性、能动性、创新性、问题性、合作性、发展性的内涵特点。重庆师范大学何芳则认为两者是一种共生关系。研究者们更多地把"自主—合作"看作是一种学习方式，把研究重点放在教学方式的变革上，取得了一定的成效。

2. 自主学习和合作学习是一个学习过程

研究者将自主学习和合作学习看作是一种学习事件或学习活动，并强调这种事件或活动是动态的，并按一定的程序和过程进行。自主学习是学习者为实现某些具体的教育目标而自发产生的思维、情感和行为，是个人根据特定任务应用于实际生活的复杂过程。将合作学习界定为在学习中能与同伴协调关系，商量解决方法，分工合作从而确保活动顺利进行，以达到某种目标的过程。

3. 自主学习和合作学习是一种学习能力

研究者侧重从自主学习和合作学习的影响因素入手进行自主学习和合作学习的界定。如果学生在动机、方法、时间、学习结果、环境、社会性六个维度具有自主选择参与、选择方法、控制时限、控制学习结果、控制物质环境、控制社会环境的能力，其学习就是自主的。现华东师范大学心理与认知科学学院副院长庞维国教授在2003年时从横向角度对自主学习的内涵进行了阐释，他也认为如果学生本人对自主学习的各个方面都具有自觉选择和调控的能力，其学习就是充分自主的。研究者把合作学习界定为学生在学习过程中，为完成共同任务（活动）或者实现共同目标倾向于主动选择或配合伙伴，加深同伴关系，享受共同活动带来的快乐，并能确保自我角色任务顺利完成的技能表现。

综上所述，自主学习和合作学习可以是学习方式，也可以是学习过程，但我们倾向于将自主学习和合作学习界定为学习能力。经过课程改革后，学生的学习方式已经有了较大的变化，从客体性、被动性、依赖性的学习转变成为主体性、主动性、独立性的学习，新课标倡导的自主、合作、探究学习已经取得一定的成效。从现代教学理念和教育部学生发展核心素养的发布来看，新一轮课改学生需要的已经不是或不仅仅是学习方式的转变，而是需要切实提高学习能力，从而学会学习，适应未来的发展。思悟教学需要将两种学习能力进行整合，对自主合作学习能力的概念进行界定，并通过分析自主合作学习能力的结构或特性，研究培养学生自主合作学习能力的课堂教学指导策略、学习策略、途径等，尝试构建基于自主合作学习能力培养的教学模式。

建构主义认为，学生要有效地完成知识的建构过程，必须由外部刺激的被动接受者和知识的灌输对象转变为信息加工的主体、知识意义的主动建构者；学生是认知主体，是意义的主动建构者，学生对知识的理解只能靠自身的水平来进行，不能教条地强迫学生去学某些知识；教师只对学生学习的意义构建起帮助和促进作用，教师不能直接向学生传授和灌输知识。

人本主义认为，人的成长源于个体自我实现的需要，自我实现是人发展的根本动力、追求目标。教育的作用在于提供一个安全、自由、充满人情味的心理环境，使学生固有的优异潜能主动地得以实现。

学习能力是一个组合概念，中国教育家协会、中华教育研究交流中心联合广州市特级教师协会的最新研究成果表明，学习能力表现可以分为六项"多元才能"和十二种"核心能力"两大方面。其中，六项"多元才能"是指知识整合能力、社交能力、心理素质、团队合作、理财能力、策划与决策能力。由于学习能力具备复合性的特点，学习能力的培养也必然是多元的。单纯的自主学习能力的培养，缺乏同伴支持，犹如无源之水，没有立足点；单纯的合作学习能力的培养，缺乏主动性，彼此依赖，培养的能力层次必然较低。根据初中生的心理特点，从自主性角度来看，学生的独立性和自我意识开始加强，独立思考和处理事物的能力逐渐提高，但学生能力的发展离不开集体的激励和同伴的支持；从社会性角度来看，学生喜欢交往，渴望合作，愿意在群体中展现自己，但学生的能力发展归根结底必须依赖学生自身的主观努力，合作学习能力只有与学生的自主追求相结合，才能发挥出最佳效果。因此，自主学习能力必须与合作学习能力相结合，两者实质上是辩证统一的。

如何在思悟教学中探索自主学习能力与合作学习能力的培养？我们以学校2016级、2017级学生为样本进行了实践与分析。

首先，我们进行了问卷调查。2016级学生共909人（男484人，女425人）、2017级学生共935人（男516人，女419人）。2016级发放问卷909份，回收有效问卷901份（男476份，女425份）；2017级发放问卷935份，回收有效问卷930份（男511份，女419份）。

以自主学习能力的调查为例，我们采用美国密执安大学宾特里奇教授等人在1993年编制的"MSLQ问卷"（Motivated Strategies for Learning Questionnaire）。"MSLQ问卷"主要是用于测量学生的自主学习能力的自陈量表，分大学版和中学版。我们采用的是中学版，该版本由香港学者对中国学生施测后修改为中文版，通过胡春梅等人的验证证明具有较好的信度和效度。该问卷共有43题，由5个维度构成，分别是"自我效能感"（共9题）、"内在价值"（共8题）、"考试焦虑"（共4题）、"认知策略的使用"（共13题）、"自我调节"（共9题）；采用Likert五级评分法，答案从"非常不符合"到"非常符合"分别记1～5分，其中考试焦虑维度的题目为反向记分，量表总分为215分，总得分越高，表明学生的自主学习能力越强。

其次，我们以学生的自主学习能力量表总分进行分析，对学校两个年级的初一学生的自主学习能力总体情况进行初步记录（见表2-3）。从表2-3中可以看出，我校学生的自主学习能力得分最高为196分，最低为102分，呈现正态分布，多数学生的得分都在140~160分范围内，得分极高和极低的学生人数都非常少，学生的自主学习能力总体水平居于中上水平。以学生所处的年级为因变量，以各维度得分和总分为自变量进行独立样本T检验，两个年级初一阶段的自主学习能力没有明显的差异，两个年级的数据可以看作一个大样本，也可以分别进行独立的分析（见表2-4）。

表2-3 华英学校学生自主学习能力情况前测总体情况（2017年3月和9月）

2016级		2017级	
人数	909人	人数	935
平均分	152.72	平均分	153.66
标准差	14.38	标准差	15.12
方差	298.12	方差	300.57
最小值	102	最小值	105
最大值	195	最大值	196

表2-4 华英学校学生自主学习能力情况前测单项情况比较（2017年3月和9月）

	年级	平均分	标准差	T值
自我效能感9	2016	36.58	4.45	2.9250（0.01<α<0.001）无显著差异
	2017	37.22	4.94	
内在价值8	2016	30.76	3.95	1.2931（0.01<α<0.001）无显著差异
	2017	30.52	4.02	
考试焦虑4	2016	13.27	3.22	2.8031（0.01<α<0.001）无显著差异
	2017	12.84	3.37	
认知策略使用13	2016	44.68	6.43	2.7148（0.01<α<0.001）无显著差异
	2017	45.53	7.01	
自我调节9	2016	27.43	4.17	0.6054（0.01<α<0.001）无显著差异
	2017	27.55	4.34	
总分	2016	152.72	14.38	1.9915（0.01<α<0.001）无显著差异
	2017	153.66	15.12	

根据量表分析，对学生的自主学习能力进行了全面的摸底，我们进一步研究了能够提高学生自主学习能力的自主性课堂教学，就新授课、试卷讲评课提出了相应的教学策略。

一、新授课的自主性课堂教学策略

1. 翻转课堂的教学

这种类型的自主性课堂采用"问题导学"模式（见图2-5），即教师在课前有目的地布置相应的作业让学生预习，让学生尝试完成预习习题，课堂教学时围绕学生存在的问题，发散思维，互动讨论，从而解决问题。

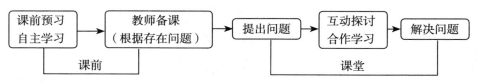

图2-5 "问题导学"模式

案例1 课前预习

第二章 第一节 动物的运动

班别：_____ 姓名：_____ 学号：_____

一、运动系统的组成

1. 动物的运动依赖于一定的结构，哺乳动物的运动系统是由____和____组成的。

2. 关节能使运动更灵活，关节的结构如图2-3所示，并根据图2-7补全内容。

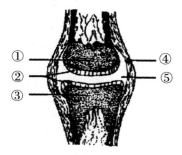

图2-6 关节的结构

关节面 ┌ ① _____ ┐ 上面有② _____
       └ ③ _____ ┘ 运动时缓冲震动

关节 ┤ ④ _____包绕着关节
     └ ⑤ _____内有滑液

图2-7 关节的关系

二、骨、关节和肌肉的协调配合

1. 骨骼肌包括_____和_____两部分，中间较粗的部分叫_____，两端较细的部分叫_____，骨骼肌有受到_____而_____的特性。

（1）图2-8中①是_____肌，②是_____肌。

（2）处于收缩状态的是以图中_____为主的伸肌群，处于舒张状态的是以图中_____为主的屈肌群。

（3）一个动作的完成，至少需_____组以上的肌群在_____的支配下相互配合。

（4）由图2-8可见，一块骨骼肌的两端至少应附着在_____根以上的骨上，附在骨上的部分叫_____。

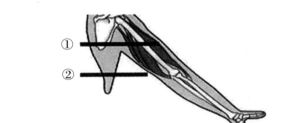

图2-8 人手臂结构

2. 骨的位置变化产生_____，但是骨本身是不能_____的。

骨的运动要靠_____的牵拉。骨在运动中起_____的作用，关节起_____的作用，肌肉起_____的作用。

三、意义

哺乳动物靠四肢支撑起身体，_____在肌肉的牵引下围绕_____运动，使躯体能完成各种动作，从而具有发达的运动能力，有利于_____和_____，以适应_____的环境。

📖 案例2 教师备课

根据学生答题的情况备课；检查学生知识检测题的答题情况，对知识的重点和难点再次进行备课。

一、教学目标

1. 知识讲授

引言—各种动物的运动方式—人的运动系统的组成—骨、关节和肌肉的协调配合—运动需要多个系统配合完成—运动有利于动物适应环境。

2. 能力培养

通过资料、实验、讨论，培养学生的观察力、分析问题的能力。

3. 情感态度

通过对运动系统的各部分结构与功能统一性的分析，培养学生树立辩证唯物主义世界观，使学生理解动物通过运动来更好地适应复杂的环境。

二、教学重难点

（1）理解肌肉、关节的结构与功能相适应的结构特点。

（2）理解运动对动物生存的重要意义。

（3）根据素材分析推理，进行探究性学习。

三、课前准备

（1）准备"观察鸡爪子"实验所需的器具和材料。

（2）准备骨骼肌模型。

（3）准备肌肉骨骼运动的课件。

四、教学设计（见表2-5）

表2-5 学习内容、学生活动、教师活动

学习环境	学习内容	学生活动	教师活动
第一节 动物的运动			
活动中学	一、运动系统的组成	看图片，分析这些动物的运动方式。观察、体会，做出回答	图片资料：鱼的游泳、蜜蜂的飞行、蚂蚁的爬行、蝗虫的跳跃、蚯蚓的蠕动和斑马的奔跑等

学习环境	学习内容	学生活动	教师活动
活动中学	1.探究活动：屈伸肘	学生体验，做出回答：骨骼和肌肉，并指出骨骼在运动中起支撑的作用	刚才同学们看到了6种动物，分析了这些动物的运动方式，那它们是由身体的什么结构来完成这些动作的呢？ 做一个屈肘的动作，想一想哪些结构参与完成了这个动作 根据学生的回答初步得出哺乳动物的运动系统是骨骼和肌肉。
	2.探究活动：观察鸡爪子	关节既牢固又灵活，适合灵活的运动。 认识关节各部分结构及其作用。 亲自体验关节（观察鸡爪子的实验）体会结构与功能相统一的观点	教师并不着急评判学生的答案正确与否，再列举一幅骨折的图片，提问：像这样受伤的手是否还能够正常运动？骨骼在运动中起什么作用？ 再提问：只由一块骨骼能灵活运动吗？引出每两块骨骼之间的活动连接——关节。（先来看人的骨骼模型，让学生对骨骼有一个感性的认识，再播放视频，加深关节使运动更灵活的印象） 观察关节结构模式图，了解各部分名称。 观察鸡爪子，了解各部分结构的作用
	3.探究活动：肘关节运动	学生体验，并回答这是肌肉收缩而变硬的结果。 一组肌肉至少要跨过一个关节。 肌肉拉伤后运动失去动力，无法运动	屈伸肘时用另一只手点击隆起的部分。认识骨骼肌的作用（动力）和特点。（受刺激收缩） 提问：当肌肉拉伤时能否正常运动？（投图） 正式得出：哺乳动物的运动系统是由骨骼和肌肉组成的
生活中学	二、骨、关节和肌肉的协调配合	学生做动作，体会伸肌和屈肌的协作配合用所学知识解释生活中的相关现象。	骨、关节和肌肉如何协调配合运动？用3分钟时间让学生自学，自学后填空。（教师须强调骨骼肌只能收缩牵拉，而无法推动，可用自制模型解决）最后看屈伸肘运动的Flash。提示：是谁让它们配合得如此默契？当神经系统出现问题时，骨骼肌的活动将会受到影响，如运动失调和瘫痪等。可见，运动并不是仅靠运动系统就能完成的，它还需要神经系统的控制和调节。

续 表

学习环境	学习内容	学生活动	教师活动
生活中学	二、骨、关节和肌肉的协调配合	吊臂支点相当于动物关节。灵活的运动需要关节	讨论书本题目，提示与生活中的联系。大吊车的吊臂支点。脊椎动物也有关节。人体的关节
	三、运动受神经系统的控制和调节	认识人体的关节，认识体育运动前热身的重要性	总结并梳理本节的知识
	四、动物运动的重要意义	呼吸加快，心跳加速，出汗等。运动还需要多个系统的配合才能完成。学生思考讨论	当你做运动时，你的身体往往会伴有呼吸、心跳等的变化？这能说明什么问题？对动物来说，运动能力的强弱意味着什么呢？对动物来说，它们的肌肉越发达，跑得越快，得到食物或避开敌人的机会就越多，这样的动物就会更适应于环境

2. "2+2" 课堂的教学

由于作业时间的限制，课题组也采用了"2+2"的课堂教学模式（见图2-9），即把两节课的内容变成一个有机整体，第一课时的后20分钟与第二课时的前20分钟作为一个课时的学习内容，这也是翻转课堂的变式应用。这种课堂虽然把一个内容分割成两个时间段学习，看似割裂了学习的整体性，实际上只是把学生的自主学习和合作学习分开，一个内容在两节课都有提及，有助于学生对知识的识记。

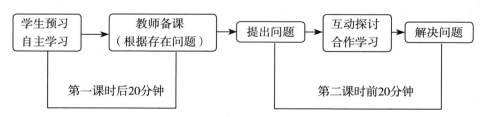

图2-9 "2+2"课堂教学模式

 案例分析

"测定反应速度"的创新教学设计与反思

在实际的探究实验教学中，有的内容无法在一个完整的课时内完成，有些学生提出的问题不能在一堂课上解决，如果对此敷衍了事，只按照教师自己的意愿来完成实验教学，既容易打击学生探究的积极性，也体现不出学生的主体地位，因此，笔者提出了"立体探究"这一模式，以探究实验为平台，通过立体的探究环境，即时间立体化、空间立体化和内容立体化，培养学生的学科素养。该设计不是传统意义上的一节课，而是由两个"半"节课组成的"一节课"，即由第一节课的后"半"节课以及第二节课的前"半"节课组成（时间立体化，见表2-6）；实验的布置和总结在课室进行，实验的过程在课后其他场所完成（空间立体化）；实验的内容由学生根据自己提出的问题决定（内容立体化）。

表2-6 "立体探究"课堂时间安排

课时	时间	备注
第一节课	前"半"节课	安排其他内容
	后"半"节课	两个"半"节课组成"一节课"
第二节课	前"半"节课	（具体时长由教学内容决定）
	后"半"节课	安排其他内容

一、教学分析

"测定反应速度"是人教版《生物学》七年级下册第四单元第六章第三节《神经调节的基本方式》安排的一个由学生自己独立完成的探究活动，教材要求学生提出有关反应速度的问题，制订并实施探究计划。在已有的知识和能力方面，学生已经学习了"反射和反射弧"和"简单反射和复杂反射"，已经知道了神经调节的基本方式是反射；且经过多次的实验技能练习，学生对于探究活动的各个环节比较清楚，能够提出问题、做出假设、整理数据、进行简单的结论分析、收集资料说明相关问题。从实验的方法和实验的器材来看，本实验的实施条件较为简单。综上所述，学生可以自主完成这一探究实验。

二、教学目标

基于课程标准，并围绕培养学生的核心素养，制定如下教学目标：

（1）通过"测定反应速度"的体验，了解影响神经调节的各种因素，概述复杂反射的建立过程。

（2）通过对"影响反应速度快慢因素"的分析，引导学生从多角度思考问题，体会生物学的实证特征。通过自主制订和实施探究方案的活动，进一步熟悉科学探究的一般过程，并在活动中培养学生的合作意识，培养严谨的科学态度。

（3）通过本节课的学习与实验结果的分析，联系生活经验，认同熟能生巧、勤能补拙和劳逸结合等良好学习习惯的重要性。

三、教学策略

本节课的教学运用的是"立体探究"教学模式，该模式强调以学生的发展为中心，通过创设情境，引导学生主动从多角度、多层次探索未知，把学习的时间充分交还给学生，提高学生参与探究的积极性，着力提高学生的实践能力和创新能力。本节课在时间安排上打破常规，不在完整的一节课完成，而在两个"半"节课内完成，其目的是通过前"半"节课的"放"，鼓励学生提出有创意的假设和可操作性强的设计方案，并让学生充分交流设计方案，把实验的主动权交还给学生；再通过后"半"节课的"收"，引导学生归纳系统性的知识，让学生通过分析数据得出结论，提高学生的思维能力。通过一"放"一"收"，教师需要做好充分的准备。前"半"节课需要激发学生的兴趣和调动学生的积极性，因此教师不仅需要设置有效的问题情境，还需要引导学生重视探究方案设计的严谨性和可操作性。后"半"节课前，教师需要收集并批阅学生的设计方案，对学生的实施情况有个基本了解，制作成表格，用PPT展示，以有效组织学生的汇报活动。

四、教学过程

1. 情境导学

教师拿着一个乒乓球，在提醒全班注意后，把乒乓球分别扔向两名学生，提出："谁的反应快？"用活动激发学生的兴趣，引导学生明白需要一种具体的方法测量反应速度。然后请一名学生协助演示课本中的实验，教师拿一把20cm的尺子，让这名学生做出捏尺子的姿势，教师刻意把尺子的"0"

刻度朝上，并且不提醒受测学生手的位置。演示过程中，让学生盯着教师的手，当教师的手一松开就必须马上捏住尺子，然后看看手指捏的位置在哪个刻度，告诉全体同学这个刻度能反映出此人的反应速度。同时，教师要求学生分组讨论刚才演示过程中的不足之处，调动学生学习的积极性，找出实验中应注意的问题。再通过演示正确的操作，提醒学生在实验过程中要注意统一测量的标准。

2. 立体探究

在掌握了测量的方法之后，教师及时对兴致勃勃的学生抛出问题："反应速度的快慢与什么有关？"通过课件中的图片、学案及学生的自我体验，引导学生发散思维，提出自己想要探究的问题，并根据生活经验做出假设（见表2-7）。

表2-7　学生对"影响反应速度快慢的因素"提出的问题

序号	反应速度的快慢与什么有关	根据生活经验做出假设	分析
1	与精神状况有关	精力充沛时比疲累时反应快	可行
2	与注意力集中程度有关	注意力集中时比注意力涣散时反应快	可行
3	与测量的身体部位有关	左手和右手的反应速度不一样	可行
4	与测试的次数有关	测试次数越多反应越快	可行
5	与身体状况有关	身体健康时比生病时反应快	难实行
……	与时间、尺子长度等有关	……	……

教师进一步提出问题："你们的假设是正确的吗？"引导学生思考如何根据单一变量设置实验组和对照组，通过以教师为主导、学生为主体的"教学互动体"以及生生之间形成的"学习互动体"构成立体的教学关系，组织学生分组讨论和交流探究方案，利用现有的知识预测实验结果。最后布置学生课后完成实验，并提醒学生下节课将进行分组汇报和成果评选活动。由于第五个课题的研究时间跨度较大，实施起来也不方便，因此只作为补充实验，有条件的小组才做。（前"半"节课结束）

教师在下一节课上课前收集并批阅学生探究的内容，分类汇总，按课题将学生分成不同的大组，并将四个课题的数据和结果制作成PPT。

3. 归纳质疑

教师组织各课题选派代表汇报，同一课题的各个小组可以补充，教师及时点评。第一大组：我们比较了不同精神状况与反应速度的关系。实验方案是在早读前和晚睡前分别测量了五次，取平均值，这是我们组的实验数据（通过实物投影仪展示）。我们的结论是一个人精神状况好时比精神状况差时反应要快。这是由于休息充分，早读前精神状况较好，反应速度较快，而在一天的学习和活动之后，晚睡前比较疲累，反应速度较慢。第二大组：我们比较了注意力集中时与注意力被干扰时反应速度的不同。实验方案是在周围环境非常安静时集中注意力测量五次，在周围环境噪声较大影响注意力时也测量五次……第三大组：我们比较了左手和右手反应速度的不同。我们选择惯用右手的同学进行实验……第四大组：我们比较了测量次数多少与反应速度的关系……

汇报结束后，教师引导学生联系实践说出在这个实验中发现的新问题或者是新启示，受加分的激励，学生们热情高涨。第一大组：我们小组测量了早上和下午的反应速度，发现早上的反应速度一般较快，这说明大脑在早上比较活跃，特别适合我们读书背书。我们还总结出，让大脑适当休息可提高效率。第二大组：安静的环境让我们学习时更专注，提高了学习的效率……第三大组：我们总结出勤能补拙、熟能生巧的道理，另外，我们发现男生和女生的反应速度不一样……第四大组：反应速度还可能与年龄有关……

4. 评价总结

教师展示汇总的数据和结果，点评其中最出色的地方，然后进行成果评价："四个大组都做出了令人满意的成绩，请同学们把你认为的最佳方案的序号填在学案上。"最后总结："同学们通过小组合作探究完成了测定反应速度的实验，结合自己的体会，对影响神经调节的各种因素有了更深的了解，希望我们在平时的学习活动中保持注意力集中，养成专心认真的学习习惯，从而提高学习效率！"（后"半"节课结束）

五、教学反思

本节课通过课时的调整，化零为整，把碎片化的教学时间统筹起来，取得了很好的教学效果。通过立体探究，引导学生发散思维，深化对复杂反射建立过程的理解。学生通过课后的拓展训练，结合实验数据的分析，提高了解决问题能力，体验到了良好的学习态度和习惯的重要性。另外，"立体探究"引导学生从最感兴趣的问题入手，提高了学生参与探究的积极性，通过分组合作探究使不同层次的学生都有不同的收获，增强了合作意识，提高了学生的学科素养。

二、试卷讲评课的自主性课堂教学策略

试卷讲评课由于内容比较枯燥、形式比较单一，不易激发学生的兴趣，难以取得预期的效果，课题组采用"自主合作"的模式（见图2-10），利用小组竞赛，激发学生兴趣，提高试卷讲评的效率，取得良好的复习效果

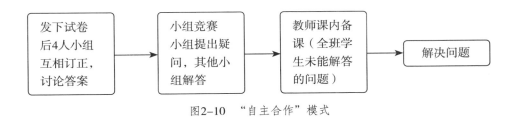

图2-10　"自主合作"模式

案例分析

一、讲评内容

期中考试题。

二、讲评目标

1. 思维精准性训练

通过错题订正，培养学生自主思考、自主分析、自主订正的能力，解决学生学习中存在的问题，完善认知结构。

2. 思维开阔性训练

通过学法指导以及小组合作学习，展示多种不同解题思路，训练应试技巧和答题策略。

3. 思维结构性训练

提高学生审题、总结解题方法和规律、建立思维框架、分析问题和解决问题的能力。

三、讲评重难点

（1）重点：得分率低于70%的题目（全班有30%或以上的学生做错的题目）、重复犯错的题目、学生通过自我订正仍存在困惑的题目。

（2）难点：学生出错原因的剖析与纠错，典型题目解题思路分析及解题规范化。

四、讲评方法

（1）练评讲结合。

（2）小组合作学习。

（3）思维训练，总结规律。

五、讲评准备

（1）考试基本情况分析，包括平均分、分数段、最高分、最低分、各题得分率等考试情况。

（2）针对得分率较低的题目，特别是出现典型错误的题目来分析备课，分析解题思路。

（3）做好小组分析的准备，安排小组任务。

六、讲评过程

1. 总结考试情况

（1）优点：选择题、判断题、综合题等的考试情况，大部分掌握得比较好，基本上能理解和掌握，失分率较低。

（2）不足：个别学生基础知识掌握较差，如识图能力、综合分析题解题能力不强。

2. 分析讲评

（1）自我订正。根据自己出错的情况，通过查找笔记或书本分析并订正，把仍然无法领悟的知识点记录下来。（培养自主学习的意识）

（2）小组订正。将自我订正后仍然无法领悟的知识点通过小组讨论来解决，把仍然无法解决的问题记录下来。（培养合作学习的意识）

（3）大组订正。展示各小组存在的疑难问题，以小组竞赛、任务驱动的形式，鼓励优生分享解题思路。

（4）师生讲评。若仍无法解决，教师通过课前的准备和课中的二次备课，分析解题思路，总结解题规律，提高学生分析问题和解决问题的能力。

　　在这些实践的过程中，我们收获了思悟教学实践的有效途径，明确了教师需要从学生学习能力提高的角度来分析学生、设计教学。在教学前，为使所选用的教学方法切合学生实际，教师应该分析学生的能力基础，从学生的能力水平出发，循序渐进，使学生更容易丰富自己的能力结构，特别是提高自主学习的能力。在教学中，教师则要把握好学生思悟的过程，了解其中可能出现的困难，提供思维训练及能力训练，以提高学生的思悟能力。在教学后，教师必须及时掌握学生已经达到的思悟水平，判断思悟教学的有效性，找到学生还可以提高的方向，便于下次教学精准施策。

再论思悟教学

基于以上认识，我们践行强调学生自主学习的思悟课堂教学，其特点概括起来就是：激趣启思、释疑导悟、融情促行。

一、激趣启思——在趣味情境中启发科学思维

所谓激趣启思，即创设情境，优化教学氛围，激发学生的兴趣，促进学生的学习，启发学生的思考，提高学生的思维能力。"兴趣是最好的老师。"无论是严谨的教学设计，还是丰富的教学语言，如果不能吸引学生参与，即使教学过程设计得再好，也达不到预期的效果。从另一个角度分析，如果仅仅强调内容的趣味性，没有从中启发学生的自主思考，训练学生的科学思维，培养学生的思维品质，学生的参与看似积极，课堂氛围看似热烈，教学效果却比较低下。所以，"启思"的关键就是调动学生的学习积极性，可采用以下三种方法。

1. 故事激趣

故事的情节生动有趣，有连贯性，富有吸引力，生动的故事令人终生难忘，寓问题于故事之中，不仅能吸引学生，而且能在潜移默化中启发学生的思考。例如，人教版《生物学》八年级下册第一章第二节《免疫与计划免疫》第一课时"人体的三道防线"一课，可把教学内容设计成一场战争的分析，战场就是"华英国"（笔者所在的学校是华英学校），从而激发了学生的学习兴趣，还有"种子的萌发"中的"国王与诚实王子的故事"、"呼吸道对空气的处理"中的"尘埃历险记"、"两栖动物的生殖和发育"中的"小蝌蚪找妈妈"等，通过学生原有的故事印象，创新设计情节和贴合教学内容的问题，从而启发学生的思考，训练学生的理性思维。

2. 实验激趣

实验具有强大的吸引力，如"植物的光合作用和呼吸作用"这两章的教学，把碘液直接滴在光合作用后的叶片上，让学生思考：为什么叶片没有变蓝？收集金鱼藻光合作用后的气体做竹签复燃的实验，让学生思考：为什么竹签能够复燃？萌发种子呼出的气体能使蜡烛熄灭，使澄清的石灰水变混浊，让学生思考：蜡烛熄灭的原因是什么？澄清的石灰水为什么变混浊？这些鲜活的实验激发了学生强烈的好奇心，从而启发学生思考，产生进一步学习的动力。实验激趣有三个原则：一是实验现象要明显，二是实验器材要简单，三是实验原理要与教学内容相关。

3. 多媒体激趣

信息技术的发展改变了教学内容的呈现方式，并能有效地激发学生学习的兴趣。常用的多媒体手段有视频（微课）、动画、图片等，智能终端（如手机、平板）等也有一些教育App能提供较佳的体验。例如，在"消化和吸收"一课的教学中，学生有亲身经历，却无法了解具体消化和吸收的情况，这时借助于科普视频，便能有效地启发学生的思考。又如，"种子的萌发""开花和结果"等课，播放种子萌发、开花和结果过程的微课或视频会让学生感觉真实、有趣。

因此，"激"和"启"是教师发挥引导作用的精要，"趣"和"思"，则是体现学生主体作用的关键，特别是引导学生的独立思考，训练学生的理性思维，我认为是生物学科教学的逻辑起点。

二、释疑导悟——在科学探究中导悟生命观念

所谓释疑导悟，是指通过解决生物课堂教学提出的问题引导学生思悟生命现象和生命活动规律，促进形成生命观念。从课堂教学内容来看，生命观念包括结构与功能观、物质与能量观、进化与适应观、稳态与平衡观四大方面的内容。从课堂教学方法来看，丰富的情境和良好的氛围为学生的科学探究提供了很多建构知识体系和感悟生命观念的契机。这些契机一般出现在解释疑问的时候，教师解释后学生会有恍然大悟的表现。"导悟"的关键在于找准学生的最近发展区，要选择恰当的教学资源答疑和追问，以学生的现有发展区为起点开展教学活动。思悟教学采用以下四种方法。

1. 图示法

文字的描述有时比较艰涩，图示法能有效地促进学生的理解。例如，在讲述"细胞为什么不能无限长大"时，可设计以下的小组讨论题目，通过图示法引导学生感悟，取得较好的教学效果（见图2-11）。

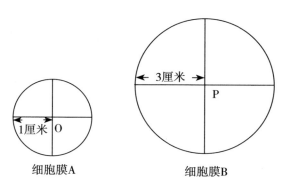

图2-11   细胞膜A和细胞膜B

小组讨论，细胞膜A要把物质运到细胞核O处，细胞膜B要把物质运到细胞核P处，请问：

（1）假设细胞核O和细胞核P已经饿了三天三夜，非常需要营养物质，在同等条件下，谁能更快获得营养物质？

（2）谁的运输效率更高？从中你想到了什么？

2. 比较法

俄国教育家乌申斯基说："比较是一切理解和思维的基础；我们都是通过比较来了解世界的一切。"生物教学中经常运用到比较法，这种方法可以帮助学生分清相似的两个概念或事物特征，从中获得规律性的知识。例如，"探究环境污染对生物影响"一课用正常萌发的豆芽与用废旧电池浸出液泡过的豆芽种子做比较，帮助学生理解环境污染的危害；"从种到界"中，各种动物的特征比较，能有效地帮助学生掌握分类单位的等级。此外，还有条件反射与非条件反射的比较、植物的呼吸作用和光合作用的比较等，让学生自己找出两者之间或多个对象间的区别和相似之处，从而引导学生主动学习，建构准确的生物学概念。

3. 追问法

追问这种方法应用非常广泛，也非常实用。追问运用得当，能帮助学生理解最初的答案，提高思维的准确性和完整性。央视《面对面》栏目的主持人王志，以其鲜明的质疑、尖锐的提问、审视与挑剔的眼神、适度煽情的追问，被称为中国最牛的"追问者"。从王志的追问文字记录里我们总结出可以从以下两个方面入手进行有效追问：一是层次性追问。例如，在"探究二氧化碳是光合作用必需的原料"这一实验中，可设置如下问题串：如果要探究二氧化碳是光合作用必需的原料，如何设计实验？如何保证二氧化碳是唯一变量？如何吸收装置中的二氧化碳？追问时注意问题梯度，层层推进，激活学生的思维。二是逆向追问，即反问。例如，在学习病毒有关知识时，可以反问：有没有不具备细胞结构的生物？在讲完"种子萌发的环境条件"后，可以反问：具备这些环境条件后，种子就可以萌发吗？逆向追问可以培养学生的逆向思维，引导学生进一步思考或领悟。

4. 联系生活法

学生的生活经验实际上就是现有发展区，教师可以在教学时把生活的已知和学习的未知建立联系，预设导向目标的学习问题，引导学生解决未知的问题。例如，在学习"遗传和变异"时，教师不仅可以把学生非常熟悉的明星和明星父母照片作为素材，设计相关的问题引导学生理解知识，还可以运用"大树底下好乘凉""人要脸，树要皮"等谚语引导学生联系生活，帮助学生理解知识。

因此，教师要积极发挥"导"的作用，课前分析学生在特定情境中质疑问难的能力，课中观察、了解学生对问题的认知状态，特别是联系学生的生活体验，与学生共同探讨"顿悟"或"渐悟"的方法，从而在科学探究中帮助学生领悟生命观念。这也是学生对生物的学习从外在兴趣转变为内在需求的关键，是学生持续学习生物学的动力所在。

三、融情促行——在情感体验中促进实践创新

所谓融情促行，是指在教学过程中融入积极的情感体验，从而促进学生实践和创新能力的提高。这里的情感包括两个方面：一方面是教师教学过程中的情感，另一方面是学生在教学过程中产生的情感。很多教师都强调"学以致用"，但有个前提，要重视学生的情感体验。教育家赞可夫认为："教学中一旦触及学习的情感意志领域，触及学生的精神需要，就能发挥高度有

效的作用。"根据马斯洛的需求理论，人在追求自我实现的过程中，将产生出一种所谓的"高峰体验"的情感。学生的学习只有在充分投入了情感后，智能才能充分发挥高效的作用，从而促进其实践创新。例如，在"光合作用发现史"的学习中，介绍与光合作用相关的诺贝尔奖，能有效地激发学生参与实践的热情。又如，在"细胞通过分裂产生新细胞"一课的学习中，最后可利用再生医学及癌症的研究前景鼓励学生积极参与生物科学研究等。

教师通过自身积极的情感，感染并激励学生积极的情感体验，在"思"和"悟"的基础上，培养其社会责任，促进其落实社会行为，如关注涉及生物学的社会议题，利用生物学的认识对事物做出理性解释和判断，主动向他人宣传健康生活、关爱生命和保护环境等相关知识，结合本地资源开展科学实践，尝试解决现实生活中与生物学相关的问题，真正做到"学以致用"。

思悟课堂以激趣启思为起点，其中释疑导悟、融情促行两个环节是线性可迭代的，也就是说，教师可以根据学生掌握的情况或教学内容的需要在后两个环节进行重复，直至完成教学目标。

基于"思悟行"教学模式的课堂教学

——《种子的萌发》第一课时的教学实录

【教学分析】

《种子的萌发》是人教版《生物学》七年级上册第三单元第二章第一节的内容，这节内容分三部分：第一部分是种子萌发的条件，通过实验分析掌握种子萌发的外界条件，分析实验中的变量，得出结果和结论，以及从生活实际讨论种子萌发的自身条件；第二部分主要是种子萌发的过程，并分析种子萌发过程中种子自身发生的变化；第三部分是"测定种子的发芽率"的探究实验。课标的要求是：描述种子萌发的条件和过程。人教版教材编写的主要思路是从实验和生活实际出发，着重培养学生的观察能力，锻炼学生发现问题和分析问题的能力。本实验是教材安排的第三个探究实验，学生对探究实验已经有了一定的了解，难点在于这个实验涉及的不是一个变量，而是三个变量，且种子的萌发过程无法在一节课内完成，教学的重点应放在探究方案的科学设计上。七年级的学生思维活跃，喜欢发表自己的见解，并且需要得到教师的尊重与认可，可运用自主探究、合作探究以及小组讨论的方法，让学生感受自主学习的乐趣，成为课堂的主人。因此，我把三个教学内容做一个整合，安排两个课时，第一课时着重解决两个实验探究方案的设计，第二课时则安排实验汇报总结，教学实录为第一课时的内容。

【教学目标】

生命观念：描述种子萌发的环境条件和自身条件，概述种子萌发的过程。

科学思维和科学探究：通过对"种子萌发的环境条件和自身条件""测定种子发芽率"的分析，引导学生发散思维，多角度分析问题和解决问题；通过自主探究、分组探究的活动，进一步熟悉科学探究的一般过程，认识对照组和实验组的变量控制，并在探究活动中培养动手实践的能力，培养合作学习的意识。

社会责任：通过本课的学习，培养严谨的科学态度，认同自身努力和外部机遇的重要性，认同诚信的重要性，养成爱惜粮食的习惯。

【教学重难点】

（1）重点：学会控制变量，设计三组对照实验。

（2）难点：学会利用三组对照实验控制三个变量，明确每一个对照组和实验组。

【教学过程】

1. 教学环节：激趣启思

师：在讲新课之前，先跟大家分享一个故事。冬天就快到了，由于国家的粮食不够过冬，国王买了一大批绿豆种子，让国民种绿豆。但是，国家的粮食大多是进口的，国民对种粮食并不在行。农民们很快就告诉国王，种下去的绿豆种子并没有萌发。请大家帮国王想一想，此时种子没有萌发最主要的原因是什么？

生：天气比较冷。

师：（进一步追问）怎样向国王设计实验来验证你的猜想？

生：可以把一组绿豆种子放进冰箱，另一组绿豆种子放在常温下，保证两组种子其他条件完全相同，观察两组种子的萌发情况。

师：太棒了！这样的实验称为？

生：对照实验！

师：很好。我们的实验假设是温度过低不利于种子的萌发，请问实验组的种子应该怎样处理？

生：放进冰箱，低温处理。

师：那对照组呢？

生：放在常温下。

师：对！你是如何确定实验组和对照组的呢？

生：与假设一致的为实验组，与假设相对的为对照组

师：非常准确。回到这个故事，请问种子没有萌发的原因还可能是什么？

生：（积极回应）没有浇水、没有营养、没有阳光……

师：同学们提出了很多猜想，你能够设计实验来验证你的猜想吗？

生：可以！

师：好！有一个农民伯伯他向我们提出了三个问题，让我们来尝试探究一下，请以四人小组为单位进行讨论。为了保证绿豆种子顺利萌发，从上述问题中能否归纳出绿豆种子的正常萌发应该具备哪些条件？

（小组讨论：①播种往往是在春天，冬天播种可以吗？为什么？②干旱时，播种前要浇水，不浇水可以吗？为什么？③播种前往往要松土，为什么？）

2. 教学环节：释疑导悟

师：时间到，我请两个小组来展示你们讨论的结果。

生：（踊跃尝试）①冬天播种一般不可以，除非能解决温度的问题。所以种子的正常萌发需要具备适宜的温度。②不浇水种子不会萌发，所以种子的正常萌发需要一定的水分。③播种前往往要松土，是为了使土壤中有充足的空气，所以种子的正常萌发需要充足的空气。

师：太棒了！同学们能够设计实验来验证以上三个假设吗？

生1：可以！第一种情况，把实验组放冰箱，对照组放常温，保证其他的条件相同。

生2：第二种情况，实验组不浇水，对照组正常浇水，保证其他的条件相同。

生3：第三种情况，实验组放在真空环境中，对照组放在正常环境中，保证其他的条件相同。

师：（学生回答时板书，引导）这第三组实验可操作性不高，真空环境如何浇水？有没有更好的方法？

生：可以用过量的水完全浸没种子，使其没有充足的空气。

师：很好！如果要完成这三组实验，一共需要多少组种子？

生：六组。

师：有没有更简便的方案？

（生沉默）

师：（引导）看看对照组有没有什么共同的特点？（板书时有意识地把对照组放在一起）

生：我发现三个对照组的条件其实是一样的，也就是我们可以只做一组对照。

师：很好！你观察得很仔细，发现了别人没有发现的关键。经过刚才的讨论，我们已经找到了做这个实验的最佳方案，请同学们阅读课本89～91页，请预测一下哪只瓶子中的绿豆种子可能最早萌发。这只瓶子为绿豆种子的萌发提供了怎样的条件？请把这只瓶子所提供的条件与其他瓶子所提供的条件做对比。

（学生分析实验方案，分组讨论）

生1：2号瓶子的绿豆种子可能最早萌发，因为这只瓶子为绿豆种子的萌发提供了适宜的温度、一定的水分和充足的空气。

生2：1号与2号瓶对照，不同的变量是水分，其他条件相同。3号与2号瓶对照，不同的变量是温度，其他条件相同。4号与2号瓶对照，不同的变量是空气，其他条件相同。本实验属于对照实验，对照组是2号瓶，设计了3组对照实验。

师：回答得很有条理。因为种子萌发需要较长时间，因此本实验将在课后完成。请同学们以小组为单位自由选择探究条件并设计实验，规划操作步骤，自备实验器材，用手机或平板记录实验过程，然后在课上展示交流。大家可以参考这些同学的自主设计，并尝试创新设计实验装置，在实验开始前，请大家分组完成讨论提纲。

（展示几组之前学生自主设计的实验装置，激发学生的创新意识，然后发下讨论提纲）

讨论提纲

1. 应当选择什么样的种子进行实验？为什么？

2. 你们小组探究哪种环境条件对种子萌发的影响？如何控制这种环境条件？

3. 实验过程中你们将种子分成几组？每一组有多少粒种子？只有一粒种子可以吗？

4. 你们为对照组提供了什么样的萌发条件？有哪些萌发条件与实验组是相同的？

5. 你们每隔多长时间观察一次？实验组和对照组是否一起观察的？你们还有什么新的做法？

6. 哪些种子萌发了？你们小组的结论是什么？

7. 你们小组创新的地方在哪里？有没有体现科学和环保的地方？

师：（小结）可见，种子萌发的环境条件是？

生：适宜的温度、一定的水分和充足的空气。

师：（反问）满足这些条件种子一定能够萌发吗？

3. 教学环节：激趣启思

师：我们再来看《国王的选择》这个故事。国王没有儿子，想选一个人来继承王位。他给他国家的每个小孩都发了一颗种子，并告诉他们，谁能培育出最美的花，谁就能获得王位。评选的日期到了，所有的孩子都捧着最美的花来了，只有一个小孩捧来的是一只空花盆。结果国王选择了这个捧空花盆的孩子，为什么呢？

生：（踊跃举手）因为种子是煮熟的！因为捧空花盆的孩子有诚信的品质！

师：对！诚信是一种非常可贵的品质，如果从生物学的角度分析，煮熟种子实际上是破坏了种子的什么结构？

生：胚。

师：所以种子的萌发不仅需要满足环境条件，还需要满足什么条件？

生：自身条件。

4. 教学环节：释疑导悟

师：那这个故事所提示的自身条件是什么？

生：胚是活的。

师：对！继续看故事的发展。选到了王子，国王非常高兴，于是买了一大批玉米种子，准备等到明年的春天再播种。等到第二年春天，把种子拿出来一看，大伙傻眼了，好多种子都被老鼠咬了，怎么办呢？是不是所有被咬的种子都不能播种了呢？如果不是的话，以下四种被咬的种子，哪些还可以萌发？哪些不可以萌发呢？请说明理由（见图2-12）。

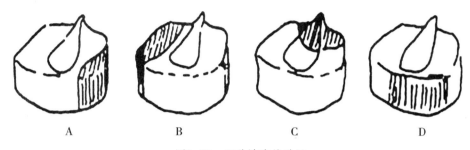

A　　　　　　　B　　　　　　　C　　　　　　　D

图2-12　四种被咬的种子

生：ABD还可以萌发，C不可以萌发，因为C的胚不完整。

师：你观察得真仔细，所以我们还可以得出另一个种子萌发的自身条件是什么？

生：胚是完整的。

师：很好！再一年的春天，国王又买来一批玉米种子，为了避免被老鼠吃掉，这批种子被保护得非常好，但这批种子一定都能萌发吗？你来告诉国王还要注意些什么？种子萌发还需要什么自身条件？

生：不一定都能萌发，正在休眠的种子是不能萌发的，度过休眠期的种子才能萌发。

师：那如何确定种子是否度过了休眠期？

（生沉默）

师：（引导）比如说，农民伯伯买来了一批种子，他希望在播种前知道这批种子有多少已经度过了休眠期，避免粮食减产，他应该怎样做？

生：我觉得可以从这批种子中选择部分先进行萌发实验，看看萌发的具体数量，从中大概得出这批种子有多少已经度过了休眠期。

师：你的措施非常有针对性，这是一种科学的方法，我们把它称为抽样检测，即从检测对象中取少量个体作为样本进行检测。大家想一想，抽样检测要注意什么？

生：样本数量不能多也不能少，多了浪费，少了可能不准确。

师：对！还有吗？

（生沉默）

师：（引导）样本的选择还有什么要注意的？能够故意选择某些大小或位置的吗？

生：不行，我觉得应该是随机取样。

师：对。抽取好样本后我们还要注意用科学的方法来实验，这些都是抽样检测中要注意的。就拿这个例子来说，其实就是测定种子的发芽率。大家说说，测定种子的发芽率这个实验我们要注意些什么？

生：取适量的样本，比如说100粒种子。

师：很好！还有吗？

生：尽量避免主观因素的影响，随机取样。

师：都是对的，大家能够学以致用，有成为优秀农民的条件了。

（生大笑）

师：我们应该给种子提供怎样的环境条件？

生：适宜的温度、一定的水分和充足的空气。

师：太棒了！及时地巩固知识非常重要，下一个问题，怎样计算发芽率？

生：这个很简单，用发芽的种子数除以种子的总数，得出的商再乘以100%就是种子的发芽率。

师：看来这么简单的数学知识是难不倒大家的。最后想问问大家，只做一组可以吗？

生：这样数据会不准确，建议做重复实验，求平均值。

5. 教学环节：融情促行

师：太棒了！测定种子发芽率的实验看似简单，但对于农民伯伯来说却是决定收成的一项非常重要的工作。这个实验同样在课后完成，大家可以想想办法与"探究种子萌发的环境条件"这个实验整合一下，希望大家以"粒粒皆辛苦"的心情认真完成这两个实验，期待大家在方法上能有所创新！

师：总结以上内容，我们可以得出种子萌发的条件包括什么？

生：环境条件（适宜的温度、一定的水分、充足的空气）和自身条件（胚是活的、完整的且度过了休眠期）。

师：非常好！最后一个问题，种子的萌发条件，是外部条件更重要，还是内部条件更重要？最好能举例说明。问题可能有点难，请大家分组讨论。

（学生积极讨论）

生1：我认为是内部条件更重要，就像学习一样，自己的努力是最重要的。

生2：但是外部条件也很重要啊，没有水，种子的自身条件再好也不能萌发。学习也一样，如果上课的纪律吵吵嚷嚷，再努力的人也听不到老师在讲什么。

生3：从种子的萌发来看，无论是外部条件还是自身条件都缺一不可。从学习来看，自己的努力肯定重要，但也需要良好的外部环境，这就是我们来华英学校学习的原因。（掌声）

师：大家的分享都非常精彩。从哲学角度来看，在事物发展的过程中，外因是变化的条件，内因是变化的依据，外因通过内因起作用。这就好比适宜的温度、合理的水分、充足的营养对种子的萌发影响很大，但种子的品质也是非常重要的。老师非常欣喜地看到同学们把种子的萌发与学习联系了起来。以上的分享，请大家在课后的两个实验中认真思考，细细体会，两周后我们进行第二课时的学习，到时再来听听大家的分享。这节课就上到这里，下课！（教学实录完）

【教学反思】

生物学科的教学特点是帮助学生形成生命观念，训练理性思维，学会科学探究，培养社会责任。

本节课的设计，在内容的处理上，我把教学内容归纳成两条线：一条线是讨论种子萌发的条件，我通过改编四个故事，激发学生学习的兴趣，即故事激趣，以此启发学生的思考（激趣启思），通过比较分类，训练学生思维；另一条线是两个探究活动设计方案的教学。其中，让学生运用对照实验法设计并完成对"种子萌发的环境条件"的探究是难点，我把两个内容穿插在种子萌发条件的学习过程中，强调教学设计的整体性和自然性。

67

在教学形式上，我主要采用启发式教学方式，通过师生问答推动课堂教学的各个环节，引导学生感悟生命观念（释疑导悟），既强调学生思考的独立性，也采用合作学习突破难点。

在情感目标上，在布置课外实践的任务时，我向学生强调"粒粒皆辛苦"，既提醒学生科学认真的实验态度，也生成了哲学的内因和外因的辩证关系（融情促行），这是生物课堂人文价值的体现。

附：

种子的萌发学案

第一节　种子的萌发（第一课时）　学案

姓名：_____　班别：_____　学号：_____　评分：_____

一、学习目标

1. 会设计实验探究种子萌发的环境条件。

2. 描述种子萌发的环境条件和自身条件。

3. 学会测定种子的发芽率。

4. 描述种子萌发的过程。

二、知识回顾

1. 探究实验的具体组织步骤有哪些？

2. 在设计探究实验方案时，大多应该设置成_____实验。

三、预习检测

1. 种子萌发的环境条件是_____、_____、_____。

2. 种子萌发的自身条件是胚是_____的、_____的，种子不处于_____。

3. 什么是对照组？什么是实验组？请举例说明。

4. 种子萌发后，_____发育成根，_____发育成茎和叶，_____伸长。

四、学习过程

（一）问题的提出

国王的故事之——国王的烦恼

冬天就快到了，由于国家的粮食不够过冬，于是国王买了一大批绿豆种子，让国民种绿豆。但是，国家的粮食大多是进口的，国民对种粮食并不在行。不久，问题接踵而来，让国王非常烦恼。

1. 国民告诉国王，种下去的绿豆种子并没有萌发，请大家帮国王想一想，种子没有萌发最主要的原因是＿＿＿＿＿＿。怎样用实验来验证你的猜想？为了保证实验结果只是由你设定的这个变量引起的，我们要设计对比实验，对照组是＿＿＿＿＿＿＿，实验组是＿＿＿＿＿＿＿。

2. 种子没有萌发的原因还可能是＿＿＿＿＿＿＿＿＿，你能设计实验来验证吗？

（二）拟定探究方案

让我们来尝试探究一下，请先思考下列三个问题：

1. 播种花生往往是在春天，冬天播种可以吗？为什么？

2. 播种花生若天气干旱时，往往要浇些水，不浇水可以吗？为什么？

3. 播种花生前要对土壤进行松土，为什么？

以小组为单位进行讨论，为了保证绿豆种子顺利萌发，从上述问题中能否归纳出绿豆种子正常萌发，应该具备哪些条件？你准备探究的问题是：

提出问题：种子的萌发需要＿＿＿＿＿＿＿＿＿＿＿＿＿＿＿＿

做出假设：＿＿＿＿＿＿＿＿＿＿＿＿＿＿＿＿＿＿＿＿＿＿

思考并解释下列问题：

1. 播种前，我们应选用怎样的绿豆种子？

2. 每只烧杯中应当放多少粒绿豆种子？只放一粒可以吗？

3. 请在表2-8中填写处理方法：

表2-8 处理种子方式记录表

处理方式	1号瓶	2号瓶	3号瓶	4号瓶
实验条件	＿＿粒种子，拧紧瓶盖	＿＿粒种子，拧紧瓶盖	＿＿粒种子，拧紧瓶盖	＿＿粒种子，拧紧瓶盖
	＿＿温	＿＿温	＿＿温	＿＿温

4. 你所设计的实验中，具备哪项条件就打"√"，不具备的条件则打"×"（见表2-9）。

表2-9　处理种子条件记录表

对比瓶	适宜的温度	一定的水分	充足的空气
1号瓶			
2号瓶			
3号瓶			
4号瓶			

（三）讨论分析

1. 请预测一下哪只烧杯中的绿豆种子可能最早萌发。

2. 这只烧杯为绿豆种子的萌发提供了怎样的条件？

3. 这只烧杯所提供的条件与其他烧杯对比你会发现：（请按照你所设计的实验填写）

_____号与_____号对照，不同的变量是_____，其他条件相同。

_____号与_____号对照，不同的变量是_____，其他条件相同。

_____号与_____号对照，不同的变量是_____，其他条件相同。

所以我们可以这样说：本实验属于_____实验，对照组是_____，设计了_____组对照实验。

4. 实验结果是_____（实验后填写）。

5. 实验结论是_____（实验后填写）。

6. 总结：种子萌发的环境条件是_____。

（四）问题的推进

国王的故事之——国王的选择

国王没有儿子，想选一个人来继承王位。他给他国家的每个小孩都发了一粒种子，并告诉他们：谁能培育出最美的花，谁就能获得王位。评选的日期到了，所有的孩子都捧着最美的花来了，只有一个小孩捧来的是一只空花盆。结果国王选择了这个捧空花盆的孩子，为什么呢？

_____

_____

_____

_____

国王的故事之——国王的疑惑

选到了王子，国王非常高兴，于是买了一大批玉米种子，准备等明年的春天再来播种。等到第二年春天，把种子拿出来一看，大伙傻眼了，好多种子都被老鼠咬了，怎么办呢？是不是所有被咬的种子都不能播种了呢？如果不是的话，以下四种被咬的种子，哪些还可以萌发？哪些不可以萌发呢？请说明理由（见图2-13）。

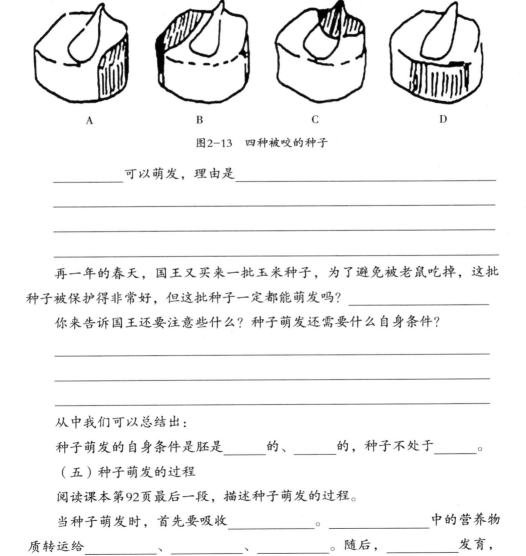

图2-13 四种被咬的种子

_____可以萌发，理由是_____

_____

_____

再一年的春天，国王又买来一批玉米种子，为了避免被老鼠吃掉，这批种子被保护得非常好，但这批种子一定都能萌发吗？_____

你来告诉国王还要注意些什么？种子萌发还需要什么自身条件？

_____

_____

_____

从中我们可以总结出：

种子萌发的自身条件是胚是_____的、_____的，种子不处于_____。

（五）种子萌发的过程

阅读课本第92页最后一段，描述种子萌发的过程。

当种子萌发时，首先要吸收_____。_____中的营养物质转运给_____、_____、_____。随后，_____发育，突破种皮，形成根。_____伸长，_____发育成茎和叶。

第一节　种子的萌发（第二课时）　学案

姓名：＿＿＿＿　班别：＿＿＿＿　学号：＿＿＿＿　评分：＿＿＿＿

一、表达交流

国王的故事之——国王的表彰

上次我们讲到，国王准备颁发"优秀农民"的奖章给那些在"种子萌发"的实验中表现突出的小组。国王颁布了以下要求：过三关。

第一关：能简要描述实验的过程，汇报实验结果和结论，并回答其他小组提出的疑问。（选出汇报最精彩的小组，从创新、科学、环保三个方面进行评判，分别加40、30、20分）

汇报过程如下：

1. 应当选择什么样的种子进行实验？为什么？

2. 你们小组探究哪种环境对种子萌发的影响？如何控制这种环境条件？

3. 实验过程中你们将种子分成几组？每一组有多少粒种子？只有一粒可以吗？

4. 你们为对照组提供了什么样的萌发条件？有哪些萌发条件与实验组是相同的？

5. 你们每隔多长时间观察一次？实验组和对照组是否一起观察的？你们还有什么新的做法？

6. 哪些种子萌发了？你们小组的结论是什么？

7. 你们小组创新的地方在哪里？有没有体现科学和环保的地方？

汇报内容：

＿＿＿＿＿＿＿＿＿＿＿＿＿＿＿＿＿＿＿＿＿＿＿＿＿＿＿＿＿＿＿＿

＿＿＿＿＿＿＿＿＿＿＿＿＿＿＿＿＿＿＿＿＿＿＿＿＿＿＿＿＿＿＿＿

＿＿＿＿＿＿＿＿＿＿＿＿＿＿＿＿＿＿＿＿＿＿＿＿＿＿＿＿＿＿＿＿

第二关：能准确回答国王提出的问题。（抢答环节每题加10分）

1. 如果你是农民，你想让种子提前萌发应该采取哪些措施？

2. 如果你是农民，你想让种子延后萌发应该采取哪些措施？

3. 中华人民共和国成立初期，我国科学家在辽宁新金县普兰店一带的泥炭层中采到一批古莲子。1951年美国科学家李贝发表用碳14测定世界上古代植物和含碳古文物所处年代的论文，其中提到有一种古代植物即我国普兰店的古莲子，他测得的年代是1041年左右。中国科学院地球化学研究所于1974年用碳14测得古莲孢粉年代的结果是1014年左右。两者的结果非常相近，也就是说，这批古莲子已有千年之久。

如果你是当时的科学家，你会有什么样的想法？

如果要让这批古莲子萌发，你将采取哪些措施？

小组一共准确回答问题_____个。

第三关：能写出测定种子发芽率的实验方案。

阅读课本探究"测定种子的发芽率"通过实验小组的展示讨论完成以下问题：

1.为什么要测种子的发芽率？

2.设想你是农民，买了一袋种子，测发芽率时，你能把整袋种子都用上吗？如果不能，应当怎么办？

3.有同学说："为了避免浪费用三五粒种子测一下是否发芽就行了。"你觉得可以吗？

4.有同学说：测发芽率时应当尽量挑个大的种子。这个想法对吗？

5.什么叫抽样检测？什么叫抽样调查？

测定种子发芽率的实验方案：

_____

_____

_____

_____

综合评价：小组最终（有/没有）获得"优秀农民"奖章。（该组学生平时成绩加10分）

二、达标检测

1. 小明的爷爷在育苗前对种子进行了一系列处理：称取1公斤水稻种子，用水浸泡24小时，再放入一个带有许多小孔的塑料篮子里并盖上纱巾，每天把篮子放在阳光下，用温水浇一次。根据以上信息下列描述不正确的是（　　）。

A. 种子用水浸泡24小时，是为了让种子萌发有充足的水分

B. 每天把篮子放在阳光下，是因为种子只有光照才能萌发

C. 把种子放入一个带有许多小孔的塑料篮子里，是为了让种子萌发有充足的空气

D. 每天把篮子放在阳光下并用温水浇一次，是为了让种子萌发有适宜的温度和水分

2. 早春播种以后，常用地膜覆盖的方法促进早出苗，其主要原因是（　　）。

A. 种子萌发需要光

B. 防止风沙

C. 保湿、保温有利于种子萌发

D. 防止鸟类取食种子

3. 春天是播种的季节，种子萌发不需要的外界条件是（　　）。

A. 适宜的温度

B. 一定的水分

C. 充足的空气

D. 肥沃的土壤

4. 我国在泥炭层中发掘出已有千年之久的古莲子，1951年对其进行育苗试验，1953年夏首次开花。古莲子在泥炭层中未萌发，下列解释错误的是（　　）。

A. 缺乏充足的氧气

B. 缺乏适宜的温度

C. 缺乏充足的水分

D. 缺乏充足的光照

5. 俗话说："春耕不肯忙，秋后脸饿黄。"春天作物播种前要松土，是因为种子萌发需要（　　）。

A. 一定的水分

B. 适宜的温度

C. 适度的光照

D. 充足的空气

基于"思悟行"教学模式的说课

——《人体的三道防线》说课稿

【教学分析】

地位作用：《人体的三道防线》是人教版八年级下册第一章第二节《免疫与计划免疫》第一课时的内容。

通过之前的学习学生知道了传染病的相关知识，明白了传染病的传播途径多种多样，如通过空气、饮食等都能够传播，人体时刻处在病原体的包围下，但为什么有些人会得病而有些人不会呢？

本节课着力解决这一问题，同时也为下一节课理解免疫的功能打下基础，并为学习计划免疫和健康生活做好铺垫。学生只有在充分理解"人体的三道防线"后才能懂得为什么要计划免疫，怎样才能健康地生活，承上启下，本节的重要性可见一斑。本课时，主要阐明人体的三道防线的组成和作用，以及特异性免疫和非特异性免疫的区别，这些内容在课标中属于理解层次。我把本节课的教学目标制定如下。

【教学目标】

1. 知识目标

（1）能描述人体的三道防线的组成和功能。

（2）区分特异性免疫和非特异性免疫。

（3）描述抗体和抗原的关系。

2. 能力目标

（1）参与角色扮演活动，发展联想能力。

（2）运用类比的方法，提高分析问题、解决问题的能力。

（3）运用所学的生物学知识分析和解决某些生活或社会实际问题。

3. 情感目标

（1）激发学生乐于探索生命的奥秘，具有实事求是的科学态度、一定的探索精神和创新意识。

（2）认同锻炼身体的重要性，认同接种的重要性，激发学生关注健康，逐步养成良好的生活与卫生习惯，树立积极、健康的生活态度。

《普通高中生物学课程标准（2017年版）》特别强调对学生探究应用能力和情感态度与价值观做出评价。因此，本节课的教学目标着眼于培养学生发现问题、分析问题、解决问题的能力，着眼于培养学生的生物科学素养。结合"轻负高质"的总体目标，设计中以学生活动为主体。我们都知道，活动使学生的学习更轻松，而联系生活，分析生活中相关的现象又让学生感到非常实在，知识落实了，负担却减轻了，学习的成就和快乐感就自然而然产生了。因此，本目标在于让学生学得轻松、学得快乐，也就是"轻负"；并让学生学以致用、学有所用，也就是"高质"。

那么这节课的教学要点在哪呢？

【教学重难点】

（1）重点：人体的三道防线的组成和功能。从知识的横向架构来看，三道防线的知识介于传染与免疫之间，是对传染知识的有力补充，同时也是对免疫知识的有力说明，所以把这个知识点列为本节课的重点。

（2）难点：人体的第三道防线。第三道防线是免疫的重点内容，其机理较为复杂，抗原与抗体的关系较难掌握，无疑是本节课最难的地方。

【教学对象】

初二的学生思维活跃，经过初一的学习初步具有了分析问题、解决问题的能力。但大部分学生抽象思维能力较差，对知识的理解限于表面，缺乏信心。另外，由于生物不是中考科目，学生在一定程度上缺少学习的动力。这对本节较抽象的知识尤其是第三道防线的知识在理解上造成了一定的困难。如何解决这些问题，达到本节课的教学目标呢？

【教学策略】

基于以上分析，本节课的知识可以用一个字来概括，"难"，难就难在涉及的概念多、名词多，又比较抽象，学生很难理解。怎样突破这个"难"点呢？思悟！让学生的思维充分动起来！不仅要眼动、口动、手动，还要脑动、心动。所以我主要采取活动教学法来解决这节课的重点知识，通过活动激发学生的思考（激趣启思），通过活动引导学生思悟（释疑导悟），通过活动培养学生的社会责任（融情促行）。另外，利用学生思维活跃的特点，我采用情境教学法，让学生通过角色扮演活动，提高学习兴趣，发挥想象能力，引导学生从自身角度去思考、感受和理解知识，并通过联想、类比让学生发现规律，突破难点，并以此规律指导自己的学习。这与《义务教育生物学课程标准（2011年版）》倡导的变被动接受式学习为主动探究式学习是不谋而合的。联想是指把某一类事物的共同特征与人们曾遇到过的概念联系起来，从而获得新的设想。类比是指对两个或几个相似的事物进行联想，把它们中间某个较熟悉的性质转移到和它相似的对象上去，从而做出相应的判断或推理，以发现新规律。联想与类比思维都属于辩证思维，因为按照唯物辩证法的观点，观察一件事物不能孤立地看，而要从它与其他事物的联系来看。这就是它们的哲学理论基础。通过联想和类比掌握新知识三道防线的组成和作用后，再把新知识和生活的相关问题联系起来，学以致用，学有所用，这就是"思悟行"！"思悟行"的实质是让学生在活动中自主探究知识，交流心得，归纳方法，以培养学生各方面的综合能力。通过活动最大限度地激发学生的学习兴趣，通过活动变抽象免疫知识为具体的生活事例，通过活动达到知识内化的目的。下面说说这一节课的教学过程。

【教学过程】

1. 动中学，解决问题

创设情境：话说当年诸侯割据，烽烟四起，国王华英率领国民退守华英城，这是华英国最后一座城池，但敌人大军压境，兵临城下……国家兴亡，匹夫有责，作为华英国的一分子，请你为守城出谋献策。结合歌曲《命运交响乐》引入，调动课堂气氛。

一轮激烈的讨论后，学生讨论出城墙、护城河、守城士兵、机关陷阱、主力部队等防守措施。这时，话锋一转，其实，像这样的战争每天都在我们身上发生，让我们看一组皮肤表层细菌数据：据统计，背部每平方厘米细菌数约50~1400万个，上臂约19万个，头部及关节下方约为1400万个。一个健康人体所含细菌数则因个人皮肤保养习惯有所不同。可以看出，病原体已大军压境，如何坚守人体这座城池？

通过阅读课本第77页，学生会发现他所要学习的知识与之前所讨论的守城策略非常相似。这时，教师适时提问：人体内的"城墙""护城河""守城士兵""机关陷阱""主力部队"是什么呢？病原体又是如何进入人体的呢？通过把人体比作一个城池，即防守的一方，把战争的过程类比成病原体进入人体的过程，化繁为简，化难为易。把第一道防线皮肤和黏膜及其分泌物、纤毛比作城墙、护城河、守城士兵，把第二道防线杀菌物质和吞噬细胞比作城内机关陷阱、主力部队，通过动画形象生动地说明人体第一、第二道防线的作用。两相比较，轻松掌握第一道防线和第二道防线的知识点。

人体的第三道防线是本节课的难点，在这里我是这样处理的。

再次创设情境：城里的士兵一个个被杀，却找不出敌人，这是什么原因呢？该如何解决？学生往往想到了间谍、奸细。那么如何对付间谍、奸细？学生马上想到需要设立反间谍机构，引出人体的"反间谍机构"——人体的第三道防线免疫器官和免疫细胞。那人体的"反间谍机构"是如何对付"间谍、奸细"的呢？继而提出反间谍士兵及其持有的特种武器，类比出抗原和抗体的关系，层层引导，层层深入，通过相似的比较让学生发现关键所在，这就突破了教学上的难点。

2. 生活中学，活学活用

学以致用是对知识掌握的最好检测。在这一个环节，我设计了几段情境对话，通过对这几段对话的分析，学生进一步掌握了三道防线的相关知识，分析问题、解决问题的能力也得到提高，在情感上体会到保护三道防线的重要性，最终明白：关于三道防线的战争故事，其实就发生在我们的生活中。

3. 归纳小结，复习巩固

最后，以活动故事接龙——假如我是一个病原体作为达到知识目标的评价手段，引出非特异性免疫和特异性免疫的概念，并加以区分，帮助学生搭建生物学科知识框架。把分散、杂乱的生物知识点用相关的一条主线串联起来，培养学生自己搭建学科知识框架的能力，使他们的知识结构趋于合理和完整。

【媒体的主要应用】

（1）在创设情境方面：通过精彩的图片呈现和生动的音乐造成视觉和听觉上的冲击，让学生迅速地进入角色。

（2）在讲解重点、难点方面：通过Flash动画模拟病原体与人体的三道防线的关系，既形象又生动，化繁为简，化难为易。

第三章

思悟教学的实施

3

本章简介：思悟教学的实施包括教学目标的制定、策略的分析和评价的实施。其中，教学目标是所有教学活动的出发点。思悟教学的目标既是教师思悟教学实践的依据，也是对学生思悟力进行评价的依据，可通过解读课程标准、分析核心概念、分析学生特点，从而确定学生的培养目标和思悟力培养框架。在教学策略方面，着重分析学生在学习过程中可能会遇到的困难，通过教学方法的优化帮助学生解决这些困难。最后用一节课堂实录展示思悟教学的实施过程。

思悟教学的目标制定

教学目标是所有教学活动的出发点，而检测教学目标的达成度是评价教学质量、为教师提供反馈信息的手段。所以，思悟教学的目标既是教师思悟教学实践的依据，也是对学生思悟力进行评价的依据。思悟教学的目标制定主要采取以下步骤。

一、解读课程标准

课程标准是规定生物学科的课程性质、课程目标、内容目标、实施建议的教学指导性文件。课程标准中所确立的目标，为我们制定思悟教学的目标提供了很好的导向。

义务教育生物学科的课程标准目标如下。

通过义务教育阶段生物学课程的学习，学生将在以下几方面得到发展：

（1）获得生物学基本事实、概念、原理和规律等方面的基础知识，了解并关注这些知识在生活、生产和社会发展中的应用。

（2）初步具有生物学实验操作的基本技能、一定的科学探究和实践能力，养成科学思维的习惯。

（3）理解人与自然和谐发展的意义，提高环境保护意识。

初步形成生物学基本观点、创新意识和科学态度，并为确立辩证唯物主义世界观奠定必要的基础。

作为本课程的学习成果，每个学生要努力实现以下具体目标。

1. 知识

（1）获得有关生物体的结构层次、生命活动以及生物与环境、生物多样性、生物进化、生物技术等生物学基本事实、概念、原理和规律的基础知识。

（2）获得有关人体结构、功能以及卫生保健的知识，促进生理和心理的健康发展。

（3）知道生物科学和技术在生活、生产和社会发展中的应用及其可能产生的影响。

2. 能力

（1）正确使用显微镜等生物学实验中常用的仪器和用具，具备一定的实验操作能力。

（2）初步具有收集、鉴别和利用课内外的图文资料及其他信息的能力。

（3）初步学会生物科学探究的一般方法，发展学生提出问题、做出假设、制订计划、实施计划、得出结论、表达和交流的科学探究能力。在科学探究中发展合作能力、实践能力和创新能力。

（4）初步学会运用所学的生物学知识分析和解决某些生活、生产或社会实际问题。

3. 情感、态度、价值观

（1）了解我国的生物资源状况和生物科学技术发展状况，形成爱祖国、爱家乡的情感，增强振兴祖国和改变祖国面貌的使命感与责任感。

（2）热爱自然，珍爱生命，理解人与自然和谐发展的意义，提高环境保护意识。

（3）乐于探索生命的奥秘，具有实事求是的科学态度、探索精神和创新意识。

（4）关注与生物学相关的社会问题，初步形成主动参与社会决策的意识。

（5）逐步养成良好的生活与卫生习惯，确立积极、健康的生活态度。

二、分析核心概念

上一章我们分析了思悟教学要重视核心概念的学习。美国课程专家埃里克森（Erickson）认为，核心概念是指居于学科中心，具有超越课堂之外的持久价值和迁移价值的关键性概念、原理或方法。这些核心概念具有广阔的解释空间，源于学科中的各种概念、理论、原理和解释体系，不仅为学科领域的发展提供了深入的视角，还为学科之间提供了联系。生物学核心概念处于学科中心位置，包括对生命基本现象、规律、理论等的理解和解释，对学生学习生物学及相关科学具有重要的支撑作用。

1. 科学探究（5个）

（1）科学探究是人们获取科学知识、认识世界的重要途径。

（2）提出问题是科学探究的前提，解决科学问题常常需要做出假设。

（3）科学探究需要通过观察和实验等多种途径来获得事实和证据。设置对照实验、控制单一变量、增加重复次数等是提高实验结果可靠性的重要途径。

（4）科学探究既需要观察和实验，又需要对证据、数据等进行分析和判断。

（5）科学探究需要多种方式呈现证据、数据，如采用文字、图表等方式来表述结果，需要与他人交流和合作。

2. 生物体的结构层次（6个）

（1）细胞是生物体结构和功能的基本单位。

（2）动物细胞、植物细胞都具有细胞膜、细胞质、细胞核和线粒体等结构，以进行生命活动。

（3）相比于动物细胞，植物细胞具有特殊的细胞结构，如叶绿体和细胞壁。

（4）细胞能进行分裂、分化，以生成更多的不同种类的细胞用于生物体的生长、发育和生殖。

（5）一些生物由单细胞构成，一些生物由多细胞构成。

（6）多细胞生物体具有一定的结构层次，包括细胞、组织、器官（系统）和生物个体。

3. 生物与环境（5个）

（1）生物与环境相互依赖、相互影响。

（2）一个生态系统包括一定区域内的所有植物、动物、微生物以及非生物环境。

（3）依据生物在生态系统中的不同作用，一般可将其分为生产者、消费者和分解者。

（4）生产者通过光合作用把太阳能（光能）转化为化学能，然后通过食物链（网）传给消费者、分解者，在这个过程中进行着物质循环和能量流动。

（5）生物圈是最大的生态系统。

4. 生物圈中的绿色植物（5个）

（1）植物的生存需要阳光、水、空气和无机盐等条件。

（2）绿色开花植物的生命周期包括种子萌发、生长、开花、结果与死亡等阶段。

（3）绿色植物能利用太阳能（光能），把二氧化碳和水合成贮存了能量的有机物，同时释放氧气。

（4）在生物体内，细胞能通过分解糖类等获得能量，同时生成二氧化碳和水。

（5）植物在生态系统中扮演重要角色，它能制造有机物和氧气，为动物提供栖息场所，保持水土，为人类提供许多可利用的资源。

5. 生物圈中的人（8个）

（1）人体的组织、器官和系统的正常工作为细胞提供了相对稳定的生存条件，包括营养、氧气以及排除废物等。

（2）消化系统包括口腔、食道、胃、小肠、肝、胰、大肠和肛门，其主要功能是从食物中获取营养物质，以被运输到身体的所有细胞中。

（3）呼吸系统包括呼吸道和肺，其功能是从大气中摄取代谢所需要的氧气，排出代谢所产生的二氧化碳。

（4）血液循环系统包括心脏、动脉、静脉、毛细血管和血液，其功能是运输氧气、二氧化碳、营养物质、废物和激素等物质。

（5）泌尿系统包括肾脏、输尿管、膀胱和尿道，其功能是排除废物和多余的水。

（6）神经系统和内分泌系统调节人体对环境变化的反应及生长、发育、生殖等生命活动。

（7）人体各个系统相互联系、相互协调以完成生命活动。

（8）人类的活动对生物圈有重要影响。

6. 动物的运动和行为（3个）

（1）动物因逃避敌害、争夺食物或栖息地、完成繁殖所进行的运动，是在神经系统和内分泌系统的调节下，由骨骼和肌肉共同完成的。

（2）动物的行为使其能适应环境的变化，提高其存活和繁殖的概率。

（3）动物的行为由先天遗传或后天学习而获得。

7. 生物的生殖、发育与遗传（5个）

（1）人体的生殖系统可以产生两性生殖细胞，通过受精作用产生新的个体；其分泌的性激素对第二性征的发育和维持具有重要作用。

（2）不同动物发育的方式可能不同。有些动物的幼体与成体形态相似，有些动物的幼体与成体形态差别很大。

（3）生物能以不同的方式将遗传信息传递给后代。一些进行无性生殖，后代的遗传信息来自同一亲本；一些进行有性生殖，后代的遗传信息可来自不同亲本。

（4）DNA是主要的遗传物质。基因是包含遗传信息的DNA片段，它们位于细胞的染色体上。

（5）遗传性状是由基因控制的，基因携带的遗传信息是可以改变的。

8. 生物的多样性（5个）

（1）地球上生活着各种各样的生物，可以根据特征将生物分类。

（2）为了科学地将生物分类，弄清生物之间的亲缘关系，生物学家根据生物之间的相似程度，把它们划分为界、门、纲、目、科、属、种等不同等级。"种"是最基本的分类单位。

（3）不同类群的生物各有其特征，在生物圈中具有不同的作用，保护生物的多样性极为重要。

（4）地质学、化石记录、解剖学等从不同方面为进化理论提供证据。

（5）生物的遗传变异和环境因素的共同作用，导致了生物的进化。

9. 生物技术（3个）

（1）微生物通常包括病毒、细菌、真菌等类群。

（2）发酵技术利用了微生物的特性，通过一定的操作过程生产相应的产品。

（3）现代生物技术（如克隆、转基因技术等）已被用于生产实践，并对个人、社会和环境产生影响。

10. 健康地生活（5个）

（1）青春期生理和心理均会出现一系列变化，青春期的生理、心理健康状态影响青少年的成长。

（2）按照是否有传染性，可将疾病分为传染性疾病和非传染性疾病。

（3）免疫系统可抵抗能引起疾病的微生物、异己物质等。它包括免疫器官、免疫细胞和免疫物质。

（4）个人的生活习惯与行为选择能对一生的健康产生积极或消极影响。

（5）了解基本的急救方法，能减少伤害或挽救生命。

这50条核心概念是从课程内容中提炼出来的重要知识，其中有的是传统意义上的概念（有概念的名称、内涵和外延），有的是高度概括的科学知识。课标中的"概念"比逻辑学、心理学意义上的"概念"要宽泛。思悟教学的关键不仅厘清相关概念的关系，把握其内容逻辑联系，以帮助学生形成良好的知识结构，还要区分事实性知识与概念性知识，正确处理二者的关系。

另外，概念，又称思维的细胞，既是思维的产物，也是思维的工具。思维能力是探究能力的核心。建构概念的过程就是思维的过程，是原有概念与新情境冲突后，产生问题进而解决问题的过程。问题可以通过别人解释而解决，也可以通过自己探究来解决。探究的结果产生对新概念的"同化"，这是探究的目标之一。可见二者具有高度关联性和一致性。

三、分析学生特点

皮亚杰将人的认知发展划分为四个阶段：感知运动阶段、前运算阶段、具体运算阶段、形式运算阶段。

感知运动阶段一般是0～2岁的儿童所处的阶段，其特点之一是儿童形成了一些低级的行为图式，通过探索感知与运动之间的关系来获得动作经验。另一个特点是儿童获得了客体的永恒性，即当事物不在眼前时，儿童依然能够认识到事物是存在的。

前运算阶段一般是2～7岁的儿童所处的阶段，其第一个特点是认为一切物体都是有生命的。第二个特点是一切以自我为中心，只会站在自己的角度思考问题。第三个特点是思维具有不可逆性。第四个特点是思维具有刻板性，集中化，做出判断时只能运用一个标准或维度。第五个特点是没有守恒概念。

具体运算阶段一般发生在7～11岁，这个阶段的第一个特点是守恒观念形成，思维具有可逆性。第二个特点是思维运算必须有具体的事物支持，可以运用简单的抽象思维。第三个特点是理解原则和规则，但只能刻板地遵守，不敢改变。

形式运算阶段出现在11～16岁，横跨小学的高年段和整个初中阶段，这个阶段的儿童能够根据逻辑推理、归纳或演绎方式来解决问题。例如，用10只鼠妇来完成"光对生物生活有影响"的实验，能够通过计算明亮处的鼠妇的数量来推断暗处的鼠妇的数量，并通过数量比较得知鼠妇的生活习性。这个阶段的儿童也能够理解符号意义、隐喻和直喻，能做一定的概括。例如，他们能够理解"♂♀"在生物学上所代表的意义，DNA的结构是"双螺旋"，等等。这个阶段的儿童思维已经具有可逆性、补偿性和灵活性。例如，面对"当生态系统的稳定性受到破坏，就失去平衡，怎样恢复生态平衡"的问题，儿童会考虑保护食物链，这是思维的可逆性和补偿性。

从皮亚杰的认知发展阶段论可以总结出学生的认知发展规律是：小学一年级以下主要靠"感知记忆"来学习；一至四年级开始发展概念区分及知识结构建构能力；五、六年级开始发展概括及简单推理能力；初中阶段则是强化以逻辑推理、归纳演绎等思维方法为主的发展性训练。由此可见，初中阶段，教学的核心任务是一个关键词——思悟，没有思悟的课堂是低效的、无效的甚至是负效的，因为它使学生形成了"浅思考"甚至"不思考"的坏习惯，而这正是"知识灌输型"教学方式给学生带来的最深层的危害。我们在这里提倡思悟教学，不仅是因为其以建构主义理论为依据，更重要的一点是思悟教学符合初中阶段学生的认知特点，特别是在生物学科的学习当中。

四、提出培养目标

以上述初中生物课程标准和核心概念为依据，结合学生的认知发展规律，可以看出，初中生物教学既要让学生获取知识、技能，也要关注学生的全面和谐发展；既要关注全部学生学习的共性特点，也要尊重学生的个性差异；教学中教师要关注方法的分享，特别是思维的框架，培养学生举一反三的能力；注重科学探究，提倡"做中学"的实践活动；教师的教学既要反映现代生物科技发展的前沿，也要赋予更多的人文内涵；不仅要重视学生学习上的进步，激励学生形成学习生物的兴趣，更要重视学生学科核心素养的发展。

根据以上的分析，结合学科核心素养，我们对初中生学习生物的要求如下。

1. 生命观念

能在较好地理解初中生物50个核心概念的基础上形成初步的生命观念，如对结构与功能的联系有进一步的认识，能举例说明进化与适应的观点，能从生态平衡的例子中认识稳态与平衡，初步认识物质与能量等，能够用这种初步的生命观念认识生物的多样性、统一性、独特性和复杂性，形成科学的自然观和世界观。

2. 科学探究和科学思维

能运用实验、观察、文献检索等探究手段对生物知识进行科学的比较和分类；能运用归纳与演绎、分析与综合、抽象与概括等科学思维，构建思维框架，并以此来指导探究生命活动规律，解决实际问题。

3. 社会责任

能掌握基本的生物知识与技能，了解生物与技术、社会的密切联系（STS），并能运用生物知识和技能对实际问题做出决策，能很好地适应社会生活和社会发展的需要，形成可持续发展的思想，能正确对待自然、关心社会问题。

综上所述，课程的三维目标实际上可与学科核心素养一一对应，知识目标对应生命观念，能力目标对应科学探究和科学思维，情感、态度、价值观对应社会责任，两者有机结合，为思悟教学培养学生提出了具体的目标。

五、构建培养思悟力目标框架

在本书第一章，我们把思悟力定义为通过有效处理信息，结合一定的思维方法，领悟和把握事物的内部联系、本质及其规律的能力。其内涵包括三个方面的内容：一是处理信息的能力，二是思维能力，三是迁移能力。结合思悟教学的目标，我们设计如下目标框架（见表3-1）：

表3–1 培养思悟力目标框架

序号	思悟力	思悟教学目标
1	处理信息的能力	能在较好地理解初中生物50个核心概念的基础上形成初步的生命观念
		能运用实验、观察、文献检索等探究手段对生物知识进行科学的比较和分类
2	思维能力	能运用归纳与演绎、分析与综合、抽象与概括等科学思维，解释生物学现象
		能总结归纳一定的模式或规律，并用数据预测实验结果、进行决策或论证
3	迁移能力	能通过新、旧知识的类比和推理，深化对知识本质和规律的认识
		能构建思维框架，并以此为指导探究生命活动规律，解决实际问题

教学策略分析（一）

　　上一章我们提到，课堂教学的目的是教会学生自主学习，教师起主导作用，为学生的学习提供充足的背景材料，并有效组织安排这些材料，使其按学生的认知规律来呈现；学生起主体作用，根据教师提供的材料自主思考，利用潜在"图式"自主构建自己的知识框架，并学以致用。因此，教师可以通过"激趣启思、释疑导悟、融情促行"来促进学生思悟力的提高。所以，本节我们将详细分析学生在学习过程中可能会遇到的困难，帮助学生解决这些困难，通过思悟教学进一步提高学生的思悟力。

　　从课标的目标来看，初中生物的知识主要包括基础知识和基本技能。但在落实教学的过程中，我们发现学生的学习中存在较多困难，影响了思悟教学的推进，制约了学生思悟力的提高。

一、知识储备不足造成思悟困难

　　根据最近发展区理论，思悟必须在已有知识和经验的基础之上才可能实现。在学习一个新概念、新观点之前，头脑中一定要具备与之相关的准备知识，使之融会贯通，这就是同化的过程。学生思悟困难的地方往往是教学过程中知识的不连续处，或者是一个知识系列的起点处、跳跃处，这些就是认知冲突，在这些地方学生需要通过自我调节（顺应），使认知发展从一个平衡状态向另一个水平更高的平衡状态过渡，这就是平衡（思悟）。但是思悟会受到各种因素的影响。

1. 新旧知识之间不协调

　　旧知识是指与新知识密切相关的、学生已学过的知识。例如，学生在学习呼吸作用时常发生错误，这是由于对呼吸作用和光合作用的原料、产物、

89

条件、场所等相关知识的理解还不到位。

2. 背景知识的缺失

例如，在光合作用的教学中，由于人教版教材没有全面介绍光合作用的科学史，学生对光合作用实验的理解不够全面，这在一定程度上会对学生的思悟产生影响。

3. 缺少生活常识

课程标准强调要加强科学、社会、技术的教育（STS），因此教材中的许多知识与社会生活方面知识有密切联系。学生由于缺少一定的社会生活，就会产生思悟困难。例如，对于"望梅止渴"，调查发现有三分之一的学生对梅不了解，在对条件反射和非条件反射的理解上就把握得不够准确，对教学有一定的影响。

4. 跨学科能力不足

不同学科的知识往往是相互交叉、相互渗透的，因此其他学科知识会对学生本学科知识的学习产生一定的影响。例如，小麦生长四个时期（返青期、拔节期、抽穗期、灌浆期）的需水量统计，学生如果对数量关系图的解读不够准确，就会造成不会将这些数学知识与生物学科问题相联系，也根本不懂得如何去统计需水量。

二、思维能力不足造成思悟困难

曾经在网上看到过这样一句话："好的教育是打破青年们头脑中的思维定式，使他们的智力思维像火一样燃烧起来。"思悟困难的其中一个原因，就是思维定式，而思维定式一般是由思维能力薄弱造成的，主要表现为科学思维方法的运用不够精准。科学思维方法按思维的抽象程度可以分为动作思维（直觉）、形象思维（观察、想象）和逻辑思维（抽象）。其中，动作思维和形象思维的发展主要在婴幼儿和小学阶段。初中学生主要发展逻辑思维，即在感性认识的基础上，运用概念、判断、推理等形式对客观世界的间接的、概括的反映过程，逻辑思维是科学思维中最普遍、最基本的一种类型。在科学思维中，经常运用的逻辑方法有比较和分类、归纳与演绎、分析与综合、抽象与具体等。

1. 比较和分类

比较和分类都是在联系中认识事物的一种方法，任何比较和分类都要求有一定的标准，没有标准就无法进行比较和分类，标准不同也不能进行比较和分类。例如，学生很容易将卷柏和侧柏都看成裸子植物，因为学生只看到它们都有"柏"字，但从本质上看，前者是蕨类植物，后者才是真正的裸子植物。动物类群的教学中也是如此，从现象（表面的形态）上看是同一种生物，但从本质看又是不同的生物。例如，鲸看起来像鱼，但本质上它是哺乳动物；蝙蝠看起来像鸟，但本质上它是哺乳动物；泥鳅看起来像爬行动物，但本质上它是鱼类。要在表面上极为相似的事物之间看出它们在本质上的差异点，在表面上看来差异极大的事物之间找出它们在本质上的共同点，才能揭示事物之间的真实联系和区别，才能揭示事物的规律，如果对这两种方法的运用不够精准，学生对知识的思悟将受到影响。

2. 归纳与演绎

归纳和演绎的客观基础是个性和共性的对立统一，归纳强调个性中包含着共性，通过个性可以认识共性。由于归纳不一定全面，从个性中概括出来的结论不一定是事物的共性。演绎是把一般原理运用于具体事物进行个别的推论，其可靠性受到前提的制约。例如，让学生判断：所有哺乳动物都是胎生的；细胞是生物体结构和功能的基本单位，所有的生物都由细胞构成。又如，学生在刚学习完生物的特征后，总是会对哪些是生物哪些不是生物出现困难，这些情况的出现都是因为学生欠缺对知识的及时归纳或演绎，容易出现思悟不足，导致答题出错。

3. 分析与综合

分析是把整体分成局部来研究，综合是把局部按内在联系联结成整体来认识。思悟教学中，学生经常出现只注重分析而导致整体认识的不足。例如，"生物圈中的人"这一单元的学习，分别讨论了生殖、消化、呼吸、循环等系统的知识，如果只注重章节的学习，那么对"人"自身的了解就不够深入，对结构和功能的统一的认识也不够完整，同时，对人在生物圈中所扮演的角色，以及它起到的特殊作用（包括人在生物圈中应负担怎样的责任，每个学生应该有怎的行为）等方面的教育将有所忽略。分析若着眼于局部的研究，缺乏整体认识，需要结合综合来思悟，这样才能更全面、更深刻地认识事物的本质和规律，促进学生的科学认识向新的广度和深度发展。

4. 抽象与具体

科学抽象的过程是从感性认识中的具体上升到抽象，随着认识的深化，关于思维对象的抽象的认识还要进一步转化为思维中的具体。例如，光合作用的概念，就是从海尔蒙特的实验、普利斯特利的实验以及英格豪斯的实验等具体实验中抽象出光合作用的总反应式，如果脱离了具体的实验，抽象就比较空洞，学生的思悟力也不能得到发展。

三、学习能力不足造成思悟困难

1. 学习主动性不足

初中阶段的部分学生依然保留着小学时的依赖心理，跟随教师的惯性运转，没有掌握学习的主动性，表现在没有制订系统的学习计划，课前不预习，对上课的内容不熟悉，学习起来非常盲目，听课的效率非常低下，课后不复习，没有及时巩固知识。不懂的问题越积越多，不愿主动解决问题，不愿思悟。

2. 学习习惯不良

缺乏有效的听课方法，课堂笔记比较粗糙，对要点、关键点未能及时捕捉，课后也没有进行系统地整理，没有把握知识间的联系，作业仅是应付式的，缺乏思考，缺乏作业速度的训练，没有整理错题的习惯或没有错题本，思悟的效率不高。

3. 学习方法不当

初中生物"有理有文"，既重逻辑，也重识记，只用文科的学习方法或只用理科的学习方法都不容易取得学习的好效果。关键在于主动识记，结合思悟，深挖知识的含义，形成思维框架，这样才能事半功倍。

4. 学习的毅力不足

初中生物涉及的概念多（50个核心概念），内容比较抽象，有些实验现象需要多日、多次才能观察成功，有些实验步骤需要多思、多悟才能体验成功。但有的学生缺乏毅力，半途而废，思悟的结果不佳。

四、心理倾向不足造成思悟困难

1. 兴趣不足不愿思悟

学习兴趣是学生学好生物的原动力，对学生的学习具有至关重要的影响。兴趣是最好的老师，有了兴趣，当我们对待某件事情或某项活动时，就会很投入，而且印象深刻。有些学生对生物的兴趣不足，学习时大脑处于抑制状态，不愿思悟，效率自然低下。

2. 心理退缩不想思悟

有些学生总是怀疑自己的学习能力，担心学不好，测验时发挥不好更加重了这份担忧，因此，遇到挑战性的问题就自以为无法解决，放弃对问题的探究，无法思悟。

"细菌和真菌的神奇魔法"教学案例

——如何激发学生的学习兴趣

【教学分析】

1. 内容分析

《人类对细菌和真菌的利用》是人教版《生物学》八年级上册第五单元第五章第二节的内容。通过第四章的介绍，学生已初步认识细菌和真菌可以生活在各种环境之中，并了解了细菌和真菌的形态结构特征。七年级第一单元第二章第四节也对细菌和真菌在生态系统中的作用做了初步介绍。在此基础上，第五章第一节又进一步从细菌和真菌在生态系统中的作用引入，列举实例介绍了细菌和真菌对动植物及人的危害，引导学生多角度、多层次地认识了自然界中细菌和真菌的作用。可以看出，有关细菌、真菌的基本概念和原理在此之前已做了较全面的介绍，本节《人类对细菌和真菌的利用》更着重于与科学技术、社会的联系，更着重于培养学生的实践能力。教材安排本节的知识点主要有四个：一是利用发酵技术制作食品；二是运用食品保存的一般方法保存食品；三是细菌、真菌与人类防治疾病的关系；四是细菌在环境保护中的作用。而能力方面则要求学生尝试制作甜酒、酸奶或泡菜。本节

93

的文字量不多，知识量也较少，但是却与科学技术和人类生活有着十分密切的关系。尤其是甜酒、酸奶等发酵食品的制作，学生非常感兴趣，渴望能掌握相关的技能。基于此，正好鼓励、支持学生课前通过上网、询问等多种途径查阅收集有关发酵食品制作的过程与要点，在课前二至三周先安排一节实践课让学生在教师的指导下尝试制作发酵食品，在掌握完相关的技能后再安排本节"细菌和真菌的神奇魔法之——品尝快乐"，让学生一起分享知识，分享劳动成果，并通过学生丰富的感性体验与深刻的感悟，来进一步实现情感教育。

本节内容不仅能增长学生的学识，更重要的是能进一步引导学生认识到科学知识只有与技术相结合，才能在社会发展中发挥作用，这是对新课标中渗透STS教育、渗透情感态度与价值观教育的全方位体现，因此，本节内容占有十分重要的地位。

2. 对象分析

"教师是主导，学生是主体"是现代教育的主体思想，教学的最终目标不仅是教学生学会知识，更应教学生会学知识，全面提高学生自主学习的能力和自主动手的能力。初二的学生处于思维分化期，思维活跃，但由于知识结构不完整对一些原理不太容易理解，好奇心强，但也容易受困难所挫而降低了学习兴趣。在学习进程中，非智力因素和智力因素同时起重要作用，因此，一定要好好利用动手实践这一环节来激发学生的学习兴趣。另外，发酵现象这一抽象的原理也可以通过这一年龄段的学生所喜爱的动手实验来加深理解，因此在教学过程中要充分发挥学生的主体作用。

【教学目标】

综合以上教学内容和教学对象的分析，本节课的教学目标制定如下。

1. 生命观念

（1）通过实践进一步了解细菌和真菌与食品制作的关系。

（2）知道几种发酵食品的原理和相应的发酵现象。

2. 科学探究和科学思维

（1）能将知识应用于生活。

（2）能根据原理发散思维、创新实践。

（3）能相互合作完成目标。

3. 情感目标

（1）学会欣赏别人的劳动成果，学会分享劳动的快乐。

（2）认同科学知识必须与技术相结合才能发挥作用。

新课程标准以培养学生的创新精神和实践能力为重点，所以在知识目标上对于概念原理只要求学生知道、了解，而在能力目标上则具体要求学生能理论联系实践，把学会的知识运用到生活实践中，并充分发挥团体的力量和智慧，通力合作，大胆创新。这与新课标所倡导的全面提高学生的生物科学素养是一致的。并且，知识目标和能力目标的实现，可以加强对学生的道德情感教育，渗透科学—技术—社会的STS教育思想，使本节的教学符合学生发展的需要和社会的需求。

【教学策略】

本节的内容是建立在之前利用发酵制作食品的实践课基础之上的，所以本节课更主要的是让学生交流制作的经验、体验劳动成果带来的快乐，让学生在快乐中发展各种能力。因此，教师要在课前做好准备：让学生准备好自己制作的发酵食品；准备好足够的纸杯、牙签等取食用具；拍摄一些学生制作食品时快乐的照片；准备几张白色大卡纸和一些小彩纸让学生投票使用；让家长评价孩子在制作食品时的表现。为了更好地引导学生自主思考，达到小组交流的目的，要事先准备一张学习单（学习单内容如下）。

细菌和真菌的神奇魔法之——品尝快乐

一、学习目标

（1）知识目标：进一步了解细菌和食用菌与制造食品的关系。

（2）能力目标：将知识应用于生活，培养动手能力，培养合作和创新精神。

（3）情感目标：学会欣赏别人的劳动成果，体验劳动的快乐。

二、学习过程中遇到的问题

（1）你做的发酵食品是＿＿＿，这种食品的制作应用了以下哪种原理？（　　）

A. 葡萄糖+酵母菌→二氧化碳+酒精

B. 葡萄糖+乳酸菌→乳酸

C. 淀粉+曲霉→葡萄糖

（2）在制作的过程中，你觉得哪一步是最困难的？你是怎样去克服的呢？

（3）请你说说你所做的发酵食品有哪些特色？其中最突出的特色是什么？

（4）品尝后，你最欣赏哪一个食品（请写号码）？为什么呢？

（5）在制作发酵食品的这一活动中，你最想说的一句话（最深的感受）是什么？

（6）在制作发酵食品的过程中，你得到过哪些人的帮助？

（7）如果要你去销售你所制作的食品，你会从哪些方面去打动你的顾客呢？

附：各种食品品尝参考

酸奶：液体凝固，无气泡，不分层，与原奶颜色相似，味香而浓郁。

酸菜泡菜：色泽美观，清脆可口，有独特风叶。

馒头：表面较光滑，松软可口，齿舌留香。

米酒葡萄酒：看时清，闻时香，品时醇。

上述题（1）根据已掌握的理论和实践，学生能够做出正确的选择。题（2），学生可能根据自己实际操作中的困难来回答，因此，无论回答怎样，只要是正面的、积极的，教师都应加以肯定，并鼓励学生在课余一起探讨原因。题（3）主要涉及学生自身的创新意识，要鼓励学生大胆地去实践，并对他们所采取的独特设计给予充分的肯定。题（4）是让学生欣赏别人的劳动成果，也从中思考自己的不足。题（5）强调学生对生活、对劳动的体验，也是对本节内容的进一步认知，教师应该肯定其中正面、积极的因素。题（6）是情感教育，让学生重视活动过程中别人给予的帮助，认同合作可产生更大的力量。题（7）是能力的拓展。在学生讨论的过程中，教师进行巡视、观察并参与到各小组的讨论中，给予适当的评价。

本节课应该以学生活动为主体，小组讨论完学习单后让获得票数较多（得到较多同学认同）的个人或小组谈谈自己的经验，在肯定这些学生的成果的同时，着重指出学生当中创新的独特设计。鼓励创新，鼓励尝试更多不同的实践，让学生在活动中进一步发展自己的实践能力。

最后，让学生在课堂上拓展自己的交往能力，鼓励学生宣传自己所做的食品，向全班拉票，进行第二次投票。拉票的过程实质是学生社会能力的发展，充分体现对学生综合能力的培养。

【教学准备】

（1）创设快乐的情境，酝酿轻松的心情。课前准备时，教师利用多媒体播放轻松的乐曲，学生在愉悦的氛围中做好课前准备；导入时，投影之前学生制作食品时快乐的照片，使学生进一步融入快乐学习的感情基调中。

（2）营造合作学习的氛围。通过使用学习单，引导学生积极思考、积极交流，通过合作学习的方式学习别人的长处、独特之处。

（3）通过白色的大卡纸直接明了地展示投票的多少。直观地肯定一些优秀的劳动成果，使学生的劳动得到认同。

【教学过程】

"细菌和真菌的神奇魔法"教学过程见表3-2。

表3-2　"细菌和真菌的神奇魔法"

教师活动	学生活动	设计意图
导入		
教师：一提起细菌和真菌，人们往往就想到它们能够危害动植物，会引起疾病，使食物变质。那它们的存在对人类有没有益处呢？（学生回答）经过我们这几节课的学习，相信同学们现在已经改变了对细菌和真菌的看法，并且变害为利，利用细菌和真菌制作了好几种发酵食品，首先让我们来回忆一下	思考并回答问题	通过创设问题情境，既联系了学生已有的知识（细菌真菌的危害），又为新知识（细菌真菌和食品制作）的呈现做了铺垫
第一部分：回忆的快乐		
教师：这些照片都是上一次同学们在做甜酒、酸奶等食品时的情景，看，同学们笑得多开心。（教师投影照片，并适当营造轻松愉快的氛围）	观看照片，回忆当时的一些情景，重新体验当时实践的酸甜苦辣，享受实践成功的愉快心情	通过创设情境，让学生重新体验当时愉快的心情，营造轻松愉快的氛围

思
悟
教
学
——
初
中
生
物
教
学
的
实
践
反
思

教师活动	学生活动	设计意图
第二部分：品尝的快乐		
教师：现在，就让我们一起动手动口，互相品尝食物，但是在品尝的过程中，要注意文明礼让，注意讲究卫生，由于食物的量并不是太多，所以大家还不能"暴饮暴食"。品尝完后，选出你最喜欢的一个食品，把票贴在讲台前的投票卡纸上	学生有秩序地进行品尝，并投出自己心目中的一票	从实验材料的选择到实验过程的设计都能留给学生创造性思维的空间，这是《全日制义务教育生物课程标准（实验稿）》改革的要求。学生做的内容、品尝的方法，教师不作硬性规定，只需要适当引导。变被动学习为自主学习，变接受学习为发现学习
第三部分：交流的快乐		
（已选出最佳食品） 教师：同学们一定很想知道，为什么这些同学做的发酵食品那么美味，那么有创意呢？请同学们都拿出学习单，制作同种食品的同学一组，一起交流经验，并且完成学习单上的内容。 （讨论完成后，请票数较高的几位学生上台介绍经验，教师逐一点评）	小组讨论和交流经验，由小组代表展示公认的优秀食品，阐述自己对这些食品的做法和想法	1.通过学生互评以及教师对学生的创新思维给予充分的肯定（包括一些独特的设计，也包括家长给子女的评价），培养学生主动发现问题和解决问题的能力，既有助于学生掌握科学评价的方法，又能引导学生学会欣赏别人的作品，发现自己的不足，提高学生的综合能力。 2.通过合作和多媒体课件的使用，突破本节的知识难点。 （相关概念原理）
第四部分：挑战的快乐		
教师：同学们在之前的活动中，挑战了自己，获得了自己引以为豪的劳动成果，太了不起了。接下来，还有更大的挑战，你们敢接受吗？（敢）好！现在假设你是一间工厂的总经理，你的工厂以制作食品为主，你怎样向代理商推介、销售你的产品呢？我们仍以投票为评定方式，以相同食品的小组为单位，每说服一个同学购买你的产品获得一票，最后看哪个小组的票数最高	学生以小组为单位行动，选出一两个能说会道的学生扮演经理角色，合理说服他人购买	1.以小组为单位可以培养学生的合作精神。 2.在说服他人购买的过程中，需要向他人介绍清楚食品的做法和优点，这能进一步检验学生在新情境中知识的迁移和变通能力，也锻炼了学生与人沟通的社会能力，充分体现了STS教育

教师活动	学生活动	设计意图
总结		
教师：不管谁的票数最高，老师觉得，只要是亲身体验了细菌和真菌的魔法的同学都是胜利者，只要是亲手制作了发酵食品的同学都是胜利者，更重要的是，同学们在制作的过程中所获得的知识、技能都是平时不能学习到的，其中的快乐也只有亲历其中的你才能体会（完）		

【教学反思】

新课标倡导"以教师为主导，以学生为主体"的教学原则，在这一节课的教学实践中，这一点得到了很好的体现。课堂上，教师始终扮演着"导演"与"伙伴"的角色，"让学生在活动中学习、在生活中学习、在快乐中学习"的主线引领着整个过程。

活动前，教师尽量创设一个快乐的氛围（情境教学）。这一点看似简单，但很重要。正是在开始阶段确立好了整个活动的感情基调，使得学生能以最快的速度融入课堂中，大大提高了课堂效率。活动中，我很少提到枯燥乏味的知识，而是用学习单的形式以明确的问题引领学生的讨论和交流，更让学生有机会充分表现自己，使课堂真正成为展示学生创新思维能力的舞台，使学生潜移默化地完成知识点的学习。事实表明，学生确实在制作食品上有所创新，如有些学生在酸奶中加上果汁，美其名曰"酸果奶"；有些学生在制作好的馒头上添加了几片水果，更具风味；有些学生把制作好的甜酒与葡萄酒掺杂一起，以求有独特的口感。在这个充满激情的讨论中，学生变被动接受式学习为主动探究式学习，创新和实践能力都得到了很大的提高。学习单的讨论还有两个拓展内容：一是情感教育。有些学生提到在家里制作食品的过程中得到了父母的帮助，感受到了父母做家务的辛劳；有些学生提到制作的过程得到朋友的帮助，非常开心……亲情、友情洋溢纸上。二是社会能力的培养。让学生扮演销售经理这一个角色活动，收到的效果是让我最为惊喜的。由于这是一节全市公开课，现场有接近100位教师听课，所以我尝试让学生到这些听课的教师当中去拉票，结果学生不仅成功做到了这一点，还在一些故意为难的教师面前用较专业的知识对答如流，让不少的教师大为赞赏。更让我意想不到的是，有些感兴趣的学生还在课后请各自的班主任、科任教师品尝，并让教师品尝后提意见，希望得到教师的赞赏，又似有开发自己的品牌之意。学习单的使用以及问题的设计是这一节课较成功的地方。

古人云："君子生非异也，善假于物也。"正是因为合理利用了以学生为主体的活动模式，本节课做到了新课标倡导的自主、合作、探究的学习方式，全面提高了学生的科学素养，学生在实践活动的同时不仅获得了知识，还提升了自我的情感态度与价值观，真正做到把"小课堂"与"大社会"结合起来，"让学生在活动中学、在生活中学、在快乐中学"！

教育不仅仅是追求百分之多少的升学率，而是追求每个学生的生动、活泼、主动的发展；教育不仅仅是汇报时的总结、评比时的数据，而是教师与学生共度的生命历程、共创的人生体验。我觉得本节课最突出的地方是，体现了学生在课堂上的主体地位，构建了给学生创新思维的空间。学生与教师共同活动、共同体验，虽无任务的驱动，却能主动探究知识，积极参与，这说明他们喜欢以这样的方式学习科学，他们需要这样的活动去体验科学的魅力。

教学策略分析（二）

第一章时我们分析过，"学思悟行"，学习是逻辑起点，但思悟贯穿全过程。针对学生出现的思悟困难，思悟教学应在课堂上有效组织知识的呈现，强化思维训练，培养良好习惯，增强学习动力。

一、有效组织知识的呈现

运用预读、通读、研读的方式，强化文本阅读理解能力的训练。通过小组竞赛、合作学习等方式加强学生间的交流和沟通。在教学中帮助学生思悟核心概念，认识概念的内涵，丰富概念的外延，灵活运用概念去解释生活现象。以整体、全面的表格和思维导图及规律、有序、易记的文字来表达、展示生物知识，让学生学会整理知识，从整体把握知识结构，寻找新旧知识间的联系，思悟知识的后续应用。（见示例，本章后附有更多的表格、思维导图及总结的规律、有序、易记的文字）

示例1：表格和思维导图呈现知识（见图3-1）。

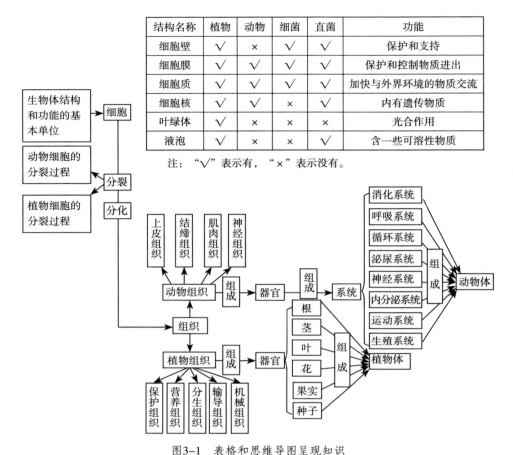

结构名称	植物	动物	细菌	真菌	功能
细胞壁	√	×	√	√	保护和支持
细胞膜	√	√	√	√	保护和控制物质进出
细胞质	√	√	√	√	加快与外界环境的物质交流
细胞核	√	√	×	√	内有遗传物质
叶绿体	√	×	×	×	光合作用
液泡	√	×	×	√	含一些可溶性物质

注："√"表示有，"×"表示没有。

图3-1 表格和思维导图呈现知识

示例2：总结规律呈现知识。

1. 谐音串记法

例如，三大无机盐——氮、磷、钾的作用：

（氮）蛋黄（意指缺氮时叶子发黄）。

（磷）淋浴（绿）（意指缺磷时叶子暗绿）。

（钾）甲肝（杆）（意指缺钾时茎秆不健壮）。

2. 借用诗歌谚语助理解

例如，种瓜得瓜，种豆得豆——说明生物的遗传性；龙生九子，各不相同——说明生物的变异性。

3. 顺口溜

例如，判断遗传病的显性或隐性关系：

无（病）中生有（病）为隐性（遗传病）。

有（病）中生无（病）为显性（遗传病）。

二、强化思维训练

上一章以人教版《生物学》七年级下册第六章《人体生命活动的调节》第一节内容《人体对外界环境的感知》第一课时为例说明了如何进行思维训练，在这里强调以下四点，即思维精准性训练、思维严密性训练、思维系统性训练、思维深刻性训练。

1. 思维精准性训练

如果学生在比较和分类思维方式的训练不够，容易出现思维精准性不足的问题。思维精准性训练要求必须摒弃"不拘小节"的思维陋习，在每一个细节处都要严格标准、严格程序。在初中生物教学中，教师要注意抓好两点：一是教给学生及时订正的方法，并针对学生出现的问题安排有针对性的训练；二是要求学生落实错题本，每天及时整理错题，将错题分类整理，分清错误的原因。

2. 思维严密性训练

如果学生在归纳和演绎思维方式的训练不够，思悟的框架则不够严密。思维严密性训练需要量的堆积，归纳的次数越多（特别是完全归纳法的运用），所构建的知识框架才有可能越完整，演绎的次数越多，逻辑性就越强。在教学中，教师要善于向学生发问，并且要鼓励学生勇于表述自己的看法。学生在表述看法时，即使是错误的，教师也应让学生说完，再给予恰当的指导；若学生回答不完整的（不完全归纳），可以引导学生进一步思考，以帮助学生找到正确的答案，使学生的思悟严密性得到提高。

3. 思维系统性训练

如果学生在分析和综合思维方式的训练不够，思维系统性将难以实现。思维系统性是建立在整体与部分的辩证关系基础上的，整体与部分密不可分，整体的属性和功能是部分按一定方式相互作用、相互联系所造成的。在教学中，教师主要是通过制作思维导图来增强学生的思维系统性。（制作思维导图可参考前面章节的介绍和本章后附的模板）

4. 思维深刻性训练

如果学生在抽象和具体思维方式的训练不够，容易出现思维的深度不够的问题。在初中生物教学中要注意为学生提供更多的实践操作机会，该开的实验课全部开，并创新教学设计，以问题为支架，提供具体的视频和动画帮助学生联想具体情境，增加学生具体的操作活动。例如，在"开花和结果"一课教学中，教师把桔梗花带入课堂让学生解剖，制作传粉受精的动画等，在丰富的动作思维、形象思维的基础上，逐步发展学生的抽象思维能力，让学生抽象和概括出问题的本质。

三、培养良好习惯

达尔文说过："一切知识中最有价值的是关于方法的知识。"例如，课前做好预习，做好课前准备，要培养自己认真听课的习惯，要养成专心学习的习惯，课堂上认真接受教师指导，勇于提出自己的不同见解，上课积极主动回答问题，善于倾听同学的发言、他人的意见和建议，主动合作学习，养成良好的书写习惯，保持作业本的清洁和完整，作业要做到自己按时独立地完成，及时改正作业错误，制定严格的作息时间表，在家长、教师的指导下制订清单式的生活、读书、实践活动计划，养成总结反思的学习习惯，充分利用时间，提高学习效率。加强学习策略的渗透和学法指导，培养学习能力。美国心理学家布鲁纳认为，学会学习的实质就是掌握有效的学习策略方法，摒弃失败的、无效的学习策略方法。

四、增强学习动力

在初中生物思悟教学活动中，我们要关注情感、态度与价值观的目标，即社会责任的核心素养，让学生获得积极的情感体验，这不但有利于学生的全面发展，而且有利于学生在学习中克服心理障碍。思悟教学强调"融情促行"，即在教学过程中注意激发学生情感，从而把教师的要求转化为学生自己的学习愿望，促进学生的实践，让学生体验成功的喜悦。根据马斯洛的需求层次理论，个体成长发展的内在力量是动机，而动机是由多种不同性质的需要组成的。学生在实践的过程中，获得相应的成就后，将进一步激发情感，"思悟"会更好地促进"行"。这个时候，教师应通过自身积极的情感，设计相关的教学环节，激发出学生内在的潜能，激励学生积极落实社会责任，促进学生的社会行为，如关注爱护动物、环境保护等生物学相关的社会议题，利用所学的知识对事物做出科学的解释和判断，主动向他人宣传健康生活、爱护生命和爱护环境等理念，因地制宜开展科学实践活动，从而增强学习动力。

STEAM视野下初中生物教学的创新实践和反思

——以《调查周边环境中的生物》为例

什么是STEAM理念？STEAM是科学（Science）、技术（Technology）、工程（Engineering）、艺术教育（Arts）和数学（Mathematics）的简称，其理念强调对科学、技术、工程、艺术和数学五个领域的交叉融合及运用能力，重视实践，打破学科界限，有别于传统的单学科、重书本知识的教育方式。STEAM具有跨学科、趣味性、体验性、情境性、协作性、设计性、艺术性和技术增强性八个核心特征。STEAM教育理念是当前国际上颇有影响力的教育思想之一，对指导初中生物教学实践有着积极的意义。

《调查周边环境中的生物》是人教版《生物学》七年级上册第一单元第一章第二节的内容，教材的设计目的是通过调查，认识周边环境中的生物，进一步认识生物与非生物的区别。《义务教育生物学课程标准（2011年版）》倡导探究学习，调查是科学探究的常用方法之一，所以本节教学的重心在"调查"这一活动上。由于教学活动的主体部分是在户外（一般在校园）进行，因此教师在设计教学时需要关注活动的组织。本节课通过对周边环境中生物的调查，使学生认识并掌握调查的一般方法，通过对调查到的生物进行分类，帮助学生理解生物的特征，激发学生学习的兴趣。

传统教学大多采用学生分组设计活动方案的方式，包括设计调查路线和校园生物种类的调查记录表等，然后让学生分组进行调查活动，再让学生分组对调查结果进行分类，最后进行展示总结。由于内容较多、课时较紧，学生对动植物种类的认识还比较少，很多生物无法记录其名称，教师很难在户外的分组教学中指导全部的小组，由此进一步加大了学生学习的难度，降低了教学效果。部分教师往往会结合标本制作、动植物检索、校园挂牌等课外活动进行教学的拓展延伸，这虽不失为一种方法，但却没有解决问题的关键：学生缺少快速识别动植物的工具。

随着移动互联网和大数据行业的快速发展，拥有良好体验的教育App应运而生，为教学活动提供了便利。经过多次实践笔者发现，基于安卓（Android）或iOS系统的"形色"App（见图3-2）能帮助学生快速识别植物，这就为本节课的创新实践提供了条件。"形色"App提供Android和iPhone两种版本下载，安装后无须注册即可使用（注册后可保存识别花的路径）。使用时单击屏幕下方中间的"拍照图标"，然后出现梅花状取景框（见图3-3），将取景框对准植物后拍照，1秒内（视网速而定）即可分析出所拍植物的名称，单击"详情"后出现该植物的简介。该App还提供对图片植物的识别，只需将该图片导入手机或平板（仅限安卓平板）的相册，点选后即可识别植物，也可直接对图片进行拍摄来识别，给教学带来极大的便利。在识别率方面，经笔者对校园、公园、野外的100棵植物进行识别，在光线充足、成像清晰的情况下，测试结果见表3-3。

表3-3　"形色"App识别植物的数据

地点	测试植物（棵）	识别植物（棵）	识别错误（棵）	无法识别（棵）	准确率（%）
校园	100	98	2	0	98
公园（亚洲艺术公园）	100	95	4	1	95
野外（西樵山）	100	82	10	8	82

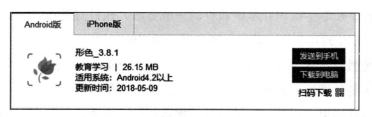

图3-2　"形色"App的图标和版本

可见，"形色"App对校园和公园的植物识别率较高，校园可以作为合适的教学环境。

图3-3 "形色"App界面

　　根据以上的分析，结合现有的教育技术优势，针对学生出现的思悟困难，这节课的思悟教学同样需要在课堂上有效组织知识的呈现，强化思维训练，培养良好习惯，增加学习动力。因此，我们尝试采用"基于项目的学习"模式（Project-based Learning），按照STEAM理念重构教学内容。STEAM课程的常见教学模式是"基于项目的学习"，这种学习主要由基本问题、项目设计、工作计划、项目管理、最终产品和评价反馈六个因素构成。"基于项目的学习"让学生主动参与到项目中，解决有价值的问题，自主完成学习，得到成果并进行展示交流，实现了课堂的重构，能够取得比传统课堂更好的成绩，并提升了学生创造性解决问题的能力。基于这种模式，结合课时、教材、教学设备等因素，我们将《调查周边环境中的生物》一课设计如下。

【教学目标】

1. 知识目标

　　说出调查的一般方法，初步学会做调查记录，并对所调查的植物进行统计、归类。

2. 能力与方法目标

　　学会使用"形色"App识别校园植物，尝试描述校园的植物和它们的生活環境，培养调查实践以及分工合作的能力。

3. 情感态度与价值观目标

通过调查、交流、合作、评价等途径，关注生物的生存状况，体验植物与人类的关系，从而增强保护植物资源的意识。

【教学策略】

本课采用"项目教学"的模式，把"校园植物AR设计"作为一个项目进行教学。其中，项目教学的调查校园植物阶段2课时，按正常的教学进度实施，另外三个阶段——植物名片AR制作（用Aurasma这一App实现）、校园植物分布平面图、校园植物AR图通过综合实践活动完成。

【教学过程】

1. 准备阶段

教学用具：调查表、笔、移动终端（主流智能手机或安卓平板）。

教学软件：用移动终端提前下载"形色"App和手机QQ。

2. 活动环节（见表3-4）

表3-4　STEAM理念下教学内容的重构

活动环节	具体内容	组织形式
Science 科学	1. 调查的基本步骤和方法。 2. 观察校园里的植物，描述植物特征和生长环境	分组讨论，小组分工，了解调查的基本要求，分组安排调查区域，设计调查路线，通过调查和观察，帮助学生了解校园里的植物
Technology 技术	1. "形色"App的应用。 2. 调查记录。 3. PPT的使用	布置调查记录的要求，介绍"形色"App的用法，提前让学生下载安装，并尝试使用。在教师的指导下学生借助"形色"App记录校园各种植物的名称、形态特征、生活环境、数量、生长情况等资料，填写调查记录表
Engineering 工程	1. 调查报告。 2. 校园植物分布平面图。 3. 校园植物挂牌	分组完成调查报告和校园植物分布图（不同的小组分不同的区域），并打印植物名片，给植物挂牌
Arts 艺术	1. 调查报告。 2. 校园植物分布平面图的艺术设计及植物图例设计。 3. 校园植物挂牌的设计	鼓励并指导学生在遵循客观情况的前提下追求调查报告（用PPT呈现）、校园植物分布图和植物挂牌的美观

108

活动环节	具体内容	组织形式
Mathematics 数学	1. 统计校园植物（按生长环境、植物类型等分类统计）。 2. 统计绿化面积（评估校园绿化状况，提出合理建议）	鼓励并指导学生通过柱状图、饼状图或坐标轴等分析数据，清晰显示调查结果

3. 实施阶段（第一课时）

（1）实物激趣，导入新课。

教师展示美丽针葵、散尾葵、仙人球、银边草、风车草五种植物的实物盆景，小组竞赛：谁认识这五种植物？看哪一个小组认得最快、最多。请学生回答（大部分小组识别不全），然后由教师介绍"形色"App的用法，让学生尝试使用安卓平板的"形色"App识别这五种植物，并提醒学生关注植物的名称、形态特征、生活环境、数量、生长情况等资料，鼓励学生用"形色"App这个工具到学校植物园调查这五种植物，设计问题串：什么是调查？怎样调查？调查什么？

设计意图： 通过使用"形色"App激发学生学习的兴趣，以问题引入本节课的主题。

（2）调查的基本步骤和方法。

以调查全校戴眼镜的学生人数为切入点，引导学生根据经验说出在调查时需要做哪些具体的工作，然后指导学生阅读课本，学习调查的具体方法，并通过制订调查方案、设计调查记录表归纳出调查的一般方法及注意事项。重点提出美丽针葵和散尾葵两种比较相似的植物，让学生学会实地观察它们相同的特征和不同的特征，以区分不同的植物并对植物进行分类。

设计意图： 制订调查方案，为进一步做好校园植物的调查做准备。

（3）调查方案的实施。

采用任务驱动的教学策略，教师布置调查记录的要求和调查区域，学生根据所设计的调查路线，利用"形色"App记录校园各种植物的名称、形态特征、生活环境、数量、生长情况等资料，分组填写调查记录表。教师可以在第一课时后组织学生打印植物名片，并给植物挂牌。调查前和调查过程中，教师应该提醒学生注意安全，并注意引导学生爱护生物资源。

设计意图：培养学生实践的能力，使学生在调查过程中真正体会到科学调查的一般步骤，深刻理解生物与环境的关系，增强学生爱护环境、爱护生物的意识。

（4）总结阶段（第二课时）。

各小组展示调查结果（PPT），并进行汇报，教师以观察者的身份参与项目活动成果展示与汇报，然后将八个小组的校园植物分布平面图（区域）合并成一幅校园植物分布总平面图。小组的总结汇报提高了学生的思维能力、表达能力和创造力，同时让学生可以更好地认识植物，增强了保护植物的意识。

4. 评价建议

对于学生的评价，我们鼓励学生自评与组内互评。教师应把重点放在小组学习的评价上，采用形成性评价与总结性评价相结合的方法，鼓励学生的自主学习和合作学习。本次教学我们采用调查活动评价量表（见表3-5），并通过移动终端实现快速有效的评价（见图3-4），及时反馈给学生，增强学生学习的自信心，进一步激发学生学习生物学的兴趣与动力。

表3-5　调查活动评价量表

评价项目	1分（不好）	2分（一般）	3分（中）	4分（较好）	5分（很好）
路线设计					
调查过程					
平面图设计					
植物挂牌					
PPT成果展示					
汇报表达					
总体评价					

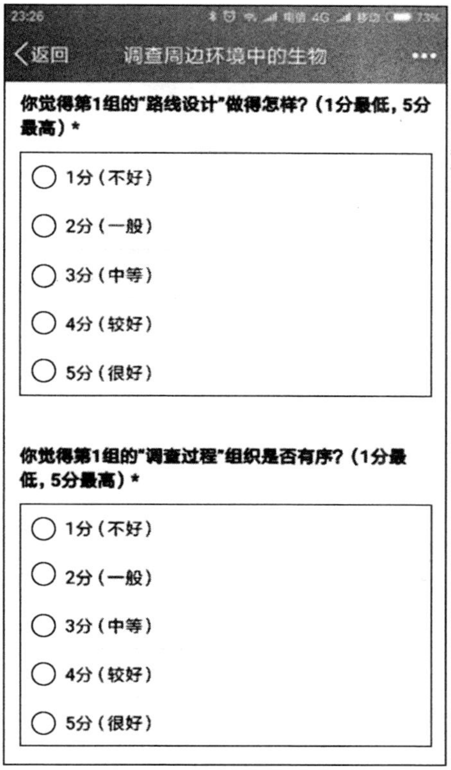

图3-4 移动终端的评价量表

【教学反思】

这节课结合STEAM把"调查校园植物"作为一个项目进行教学，突破了传统课堂的教学模式，利用了移动学习的方便灵活性，建立了STEAM学科的联系。学生根据教师的引导设计调查活动方案，在活动中利用现代科技高效体验和学习，从而发现和解决问题，并在汇报活动中表达自我、展示自我。实践证明，STEAM视野下的项目教学不仅能很好地落实教学目标，而且有助于教师转变教育观念和教学行为，从单纯的知识传递变为学生的主动学习，激发了学生的学习兴趣，促进了学生的自主学习和合作学习，拓展了学生的学科知识，改善了学生的知识结构，提高了学生的学科素养。

------ 表格归纳 ------

相关表格见表3-6～表3-26。

表3-6 动、植物细胞结构的比较

区别	植物细胞	动物细胞
相同点	都有细胞核、细胞膜、细胞质	
不同点	有细胞壁和液泡，绿色部分的细胞内有叶绿体	没有细胞壁、液泡和叶绿体

表3-7 人体的四种基本组织

名称	组成	功能	举例
上皮组织	由上皮细胞构成	保护、分泌	人的口腔上皮、腺体
结缔组织	分布广泛	连接、支持、保护、营养等	骨组织、血液、肌腱
肌肉组织	由肌细胞构成	收缩、舒张	骨骼肌、心肌、平滑肌
神经组织	由神经细胞构成	产生兴奋、传导兴奋	神经细胞+神经胶质

表3-8 植物类群

植物类群		生活环境	主要特征	举例
孢子植物	藻类植物	水中	有单细胞的，有多细胞的；没有根、茎、叶的分化；靠孢子繁殖后代	衣藻、水绵、紫菜、海带
	苔藓植物	阴湿环境	一般具有茎、叶，根非常简单，称为假根；没有输导组织，植株一般都很矮小；靠孢子繁殖后代	葫芦藓、墙藓
	蕨类植物	阴湿环境	具有根、茎、叶的分化，具有输导组织；靠孢子繁殖后代	肾蕨、江南星蕨
种子植物	裸子植物	陆地为主，广泛分布在生物圈中	有根、茎、叶、花、种子等的分化；靠种子繁殖后代，种子裸露	松、杉、柏
	被子植物	陆地为主，广泛分布在生物圈中	有根、茎、叶、花、果实、种子的分化；靠种子繁殖后代，种子外有果皮包被	水稻、玉米、大豆、葡萄

表3-9　菜豆种子与玉米种子的比较

名称		菜豆种子	玉米种子
种子	种皮	保护内部结构	和果皮愈合在一起，保护内部结构
	胚乳	一般无胚乳	一般有胚乳，可贮存营养物质
胚	子叶	2片，肥厚，贮存营养物质	1片，不肥厚，转运营养物质
	胚芽	发育成茎、叶	
	胚轴	发育成连接根、茎的部分	
	胚根	发育成根	

表3-10　植物需要的无机盐种类和作用

无机盐	作用	缺乏症状	举例
含氮的	促进细胞的分裂和生长，使枝叶长得繁茂	叶片发黄，植株矮小	人畜的粪尿
含磷的	促进幼苗的发育和花的开放，使果实和种子的成熟提早	叶片暗绿发紫，影响花和果实的形成和发育	骨粉
含钾的	使茎秆长得粗壮，促进淀粉的形成	茎柔软，叶边缘烧焦状，植株易倒伏	草木灰
含硼的	促进生殖器官正常发育，有利于开花结实	油菜只开花不结果	—

表3-11　导管和筛管的比较

名称	分布	结构特点		功能
		细胞	横壁	
导管	木质部	由许多死的管状细胞上下连接而成	完全消失	由根向上输送水分和无机盐
筛管	韧皮部	由许多活的管状细胞上下连接而成	有筛孔	由叶向下输送有机物

113

表3-12　外界条件对呼吸作用的影响

外界条件	影响	生活应用
温度	随温度升高而加强，过高又减弱	储藏蔬菜、水果、粮食时保持低温
水分	随植物含水率的增加而加强	粮食在入仓以前一定要晒干
氧气	在一定浓度内随氧的浓度增加而加强	储藏水果、蔬菜时降低含氧量（如增加氮气）
二氧化碳	二氧化碳浓度大时，受到抑制	增加二氧化碳延长水果、蔬菜的储藏时间

表3-13　呼吸作用与光合作用的关系

区别		光合作用	呼吸作用
区别	场所	含叶绿体的细胞	所有活细胞
	条件	在光下才能进行	有光无光都能进行
	原料	二氧化碳和水	有机物和氧气
	产物	有机物和氧气	二氧化碳和水
	物质转化	将二氧化碳和水合成为有机物	将有机物分解成二氧化碳和水
	能量转化	将光能转化成储存在有机物中的能量	将有机物中的能量释放出来
联系		光合作用为呼吸作用提供物质基础	呼吸作用为光合作用提供能量

表3-14　六大类营养物质的主要作用

营养物质	主要作用
蛋白质	构成人体细胞的基本物质
糖类	人体最重要的供能物质
脂肪	作为储备的能源物质
维生素	维持人体的正常生理功能
水	细胞的主要组成成分
无机盐	构成人体组织的微量元素

表3-15 人体无机盐的作用

无机盐的种类	缺乏时的症状
含钙的无机盐	佝偻病（儿童）、骨质疏松症（中老年人）
含磷的无机盐	厌食、贫血、肌无力、骨痛
含铁的无机盐	缺铁性贫血
含碘的无机盐	地方性甲状腺肿、智力障碍
含锌的无机盐	生长发育不良

表3-16 维生素的作用

种类	功能	缺乏时的症状	食物来源
维生素A	维持人的正常视觉	夜盲症	肝脏、鱼肝油、胡萝卜、玉米
维生素B$_1$	维持人体正常的新陈代谢和神经系统的正常生理功能	神经炎、脚气病	牛肉、肾、谷类种皮、豆类
维生素C	维持骨骼、肌肉和血管的正常生理作用	坏血病	水果、蔬菜
维生素D	促进钙、磷吸收和骨骼发育	佝偻病（如鸡胸、X形或O形腿等）、骨质疏松症	肝脏、鸡蛋、鱼肝油

表3-17 血细胞的比较

种类	形态特点	正常值	功能	病症
红细胞	两面凹的圆饼状，成熟的红细胞中无细胞核	男子平均值：5.0×10^{12}个/升；女子平均值：4.2×10^{12}个/升	运输氧和一部分二氧化碳	贫血
白细胞	比红细胞大，有细胞核	$4 \times 10^9 \sim 10 \times 10^9$个/升	吞噬病菌，对人体有防御功能和保护作用	发炎
血小板	个体较小，形态不规则，无细胞核	$100 \times 10^9 \sim 300 \times 10^9$个/升	止血和加速凝血	血友病

表3-18 血管的种类、结构与功能

种类	功能	分布	结构特点
动脉	把血液从心脏输送到身体各部分去的血管	较深	管壁厚，弹性大，管腔小，血流速度快
静脉	把血液从身体各部分送回心脏的血管	较深或较浅	管壁薄，弹性小，管腔大，四肢静脉内有静脉瓣（防止血液倒流），血流速度慢
毛细血管	连通最小动脉和最小静脉之间的血管	分布广，遍布全身各器官组织	管壁极薄，由一层上皮细胞构成，只允许红细胞单行通过，血流速度最慢

表3-19 体循环和肺循环的比较

区别	体循环	肺循环
起点	左心室	右心室
终点	右心房	左心房
血液变化	动脉血变为静脉血	静脉血变为动脉血
功能	为组织细胞运来氧气和养料，把二氧化碳等废物运走	与肺泡进行气体交换，获得氧气，把二氧化碳交换给肺泡
联系	在心脏处汇合成一条完整的循环途径，承担物质运输的功能	

表3-20 神经系统的组成

神经系统的组成			各部分的功能
中枢神经系统	脑	大脑	表面是大脑皮层，具有感觉、运动、语言等多种神经中枢
		小脑	使运动协调、准确，维持身体平衡
		脑干	有专门的调节心跳、呼吸、血压等人体基本生命活动的中枢
	脊髓		不仅能对外界的或体内的刺激产生有规律的反应，还能将对这些刺激的反应传导到大脑，它是脑与躯干、内脏之间的联系通道
周围神经系统	脑神经		主要分布在头部的感觉器官、皮肤和肌肉里，传导神经冲动
	脊神经		分布在躯干、四肢的皮肤和肌肉里，传导神经冲动

表3-21　条件反射和非条件反射的比较

区别＼类型	非条件反射（简单反射）	条件反射（复杂反射）
形成	生来就有（低级）	后天获得（高级）
参与结构	大脑皮层以下（脑干、脊髓）	大脑皮层
神经联系	固定，一般不消退	暂时，可消退
两者的联系	条件反射建立在非条件反射基础上	

表3-22　常见激素的比较

名称	腺体	作用	过少	过多
生长激素	垂体	调节人体的生长发育	幼年：侏儒症	幼年：巨人症；成年：肢端肥大症
甲状腺激素	甲状腺	促进新陈代谢，促进生长发育，提高神经系统的兴奋性	幼年：呆小症；成年：甲状腺功能不足（甲低）；食物缺碘，引起地方性甲状腺肿	成年：甲状腺功能亢进（甲亢）
胰岛素	胰岛	调节糖的吸收、利用和转化，降低血糖浓度	糖尿病，可注射胰岛素制剂来治疗	低血糖

表3-23　动物的主要类群

主要类群	结构特点	举例
原生动物	单细胞动物，最原始、低等的动物	草履虫、变形虫、疟原虫
腔肠动物	有口无肛门、辐射对称（两个胚层）体表有刺细胞	水螅、海蜇、海葵、珊瑚虫
扁形动物	身体扁平，有口无肛门，左右对称（三个胚层）	涡虫、血吸虫、猪肉绦虫
线形动物	身体细长，呈圆柱形；体表有角质层，有口有肛门	蛔虫、钩虫、线虫
环节动物	身体呈圆筒形，由相似体节构成，体壁呼吸，真体腔，靠刚毛或疣足辅助运动	沙蚕、蚯蚓、水蛭
软体动物	身体柔软，有外套膜，大多有贝壳包被，运动器官是足	乌贼、鱿鱼、章鱼、鲍鱼、贝类

主要类群	结构特点	举例
节肢动物	身体由体节构成并且分部,有外骨骼(蜕皮),有甲壳动物、蛛形动物、多足动物、昆虫等	虾、蟹、蜘蛛、蜈蚣、马陆、蜜蜂等昆虫类
甲壳动物	具有甲壳,用鳃呼吸	虾、蟹
昆虫	一对触角、两对翅、三对足	蝗虫(头、胸、腹)、蝴蝶
鱼类	终生生活在水中,体表覆盖鳞片,用鳃呼吸,用鳍游泳,一心房一心室,变温动物;它是最早出现的水生脊椎动物类群	海马、鲨鱼等鱼类
两栖类	幼体生活在水中,用鳃呼吸,成体水、陆两栖,用肺呼吸,皮肤裸露,分泌黏液辅助呼吸,二心房一心室,变态发育,变温动物,由水生向陆生发展的中间过渡类型	大鲵(娃娃鱼)、蝾螈、青蛙、蟾蜍
爬行类	体表覆盖鳞片,用肺呼吸,体内受精,卵生,心脏两心房一心室,内有不完全隔膜,变温动物,是摆脱水的真正陆生动物	鳄鱼、龟、蜥蜴(避役、变色龙)、壁虎、蛇
鸟类	体表覆盖羽毛,前肢演化为翅,用肺呼吸,心脏两心房两心室,体温恒定,骨中空,双重呼吸,是恒温动物	家禽、企鹅、鸵鸟
哺乳类	体表被毛、牙齿分化为门、犬、臼齿,体腔内有膈,用肺呼吸,心脏有两心房两心室,脑和神经系统高度发达,胎生、哺乳,是恒温动物;它是最高等的动物类群	鲸鱼、蝙蝠、白鳍豚、鸭嘴兽、海象、海狮、海豚等

表3-24 比较昆虫、两栖动物和鸟类的生殖和发育方式

动物种类		生殖方式	受精方式	发育时期	发育过程
昆虫	蝗虫	有性生殖、卵生	体内受精	受精卵→若虫→成虫	不完全变态
	家蚕			受精卵→幼虫→蛹→成虫	完全变态
两栖动物	青蛙	有性生殖、卵生	体外受精	受精卵→蝌蚪→幼蛙→成蛙	变态发育
鸟类	家鸽	有性生殖、卵生	体内受精	受精卵→雏鸟→成鸟	没有变态发育
比较说明	① 生殖方式相同:有性生殖、卵生 ② 青蛙两栖类动物的受精方式特殊:体外受精(水中)				

表3-25　细菌菌落和真菌菌落

菌落种类	大小	形态	颜色
细菌菌落	较小	大多数光滑黏稠或干燥粗糙	多为白色
真菌菌落	大	绒毛状、絮状或蜘蛛网状	红、褐、绿、黑、黄等

表3-26　非特异性免疫和特异性免疫

区别	非特异性免疫	特异性免疫
范围	对多种病原体都可以发生免疫反应	只针对某一特定的病原体或异物产生免疫反应
特性	非专一性	专一性
形成	生来俱有的	后天逐渐形成的
作用	弱	强

思维导图

思维导图如图3-5～图3-19所示。

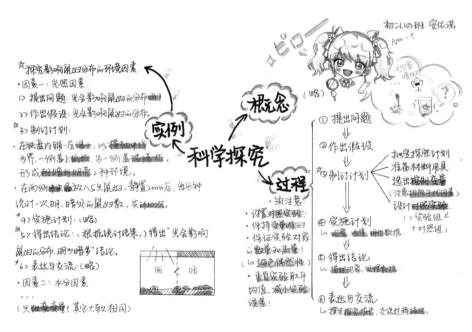

图3-5　科学探究

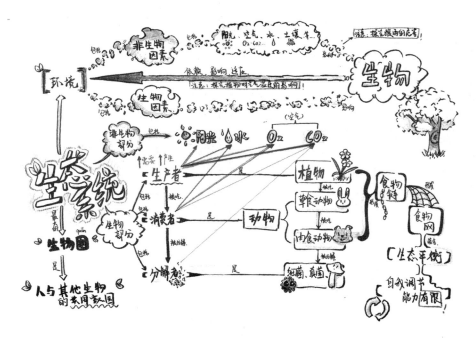

图3-6　生态系统

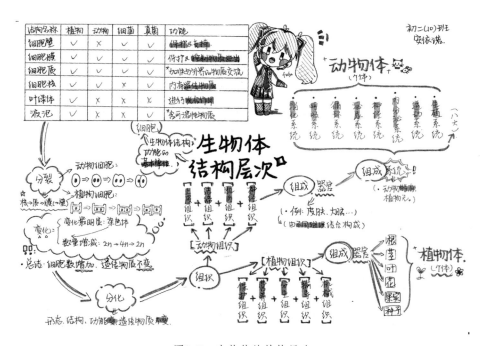

图3-7　生物体的结构层次

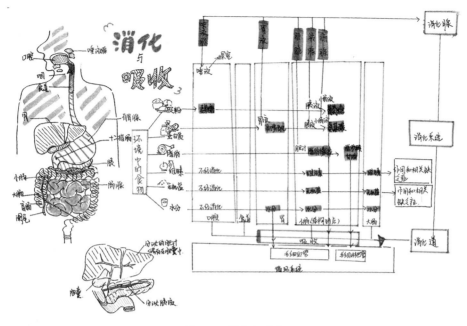

图3-8　消化与吸收

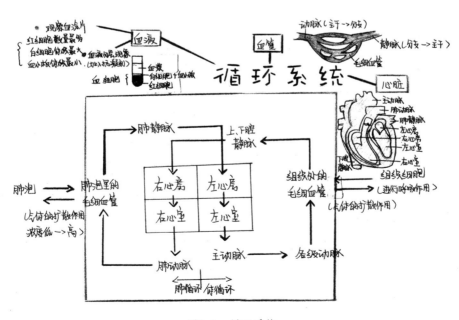

图3-9　循环系统

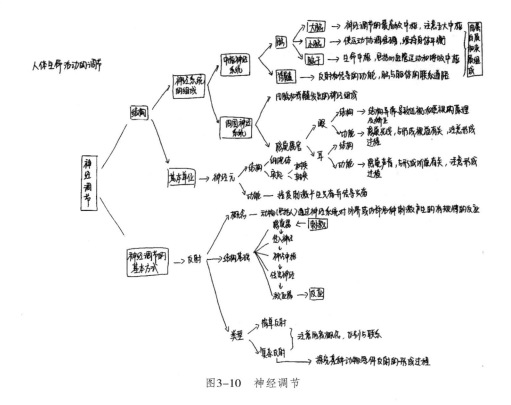

图3-10　神经调节

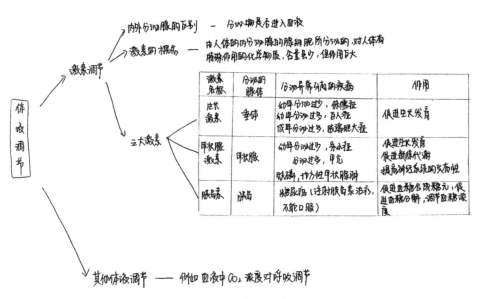

图3-11　体液调节

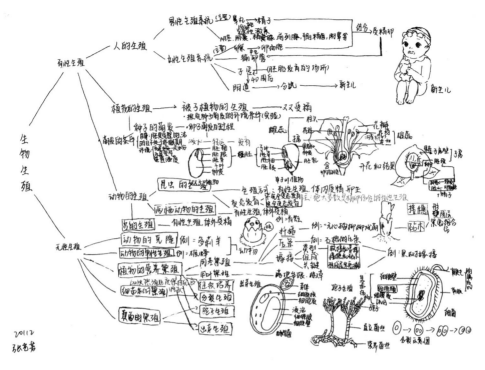

图3-12 生物的生殖

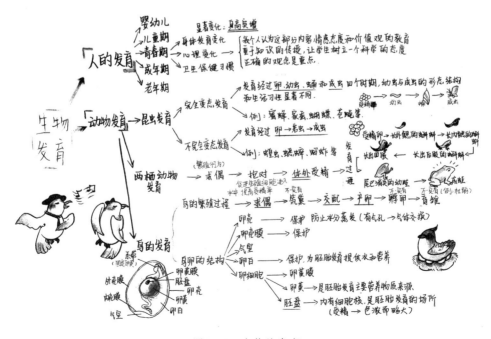

图3-13 生物的发育

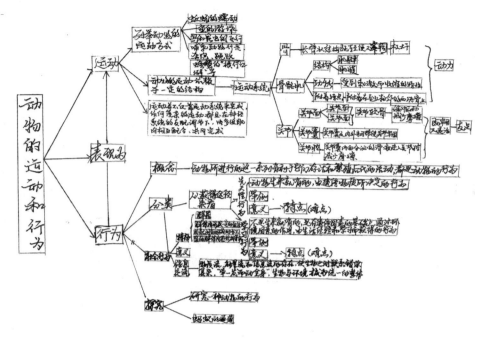

图3-14 动物的运动和行为

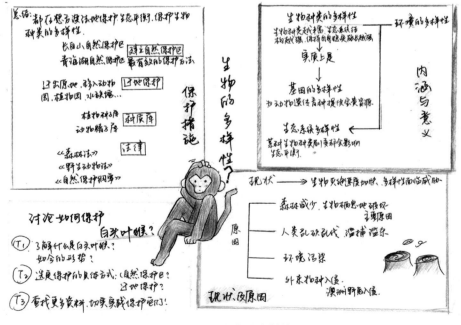

图3-15 生物的多样性

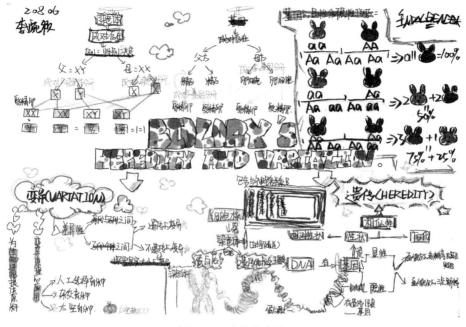

图3-16 遗传和变异

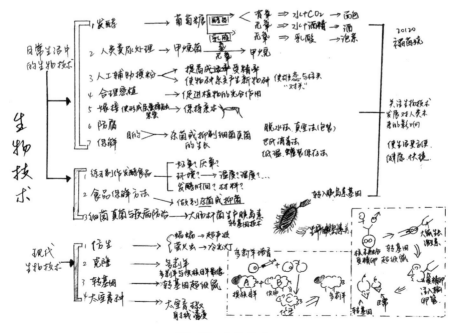

图3-17 生物技术

图3-18　传染病和免疫

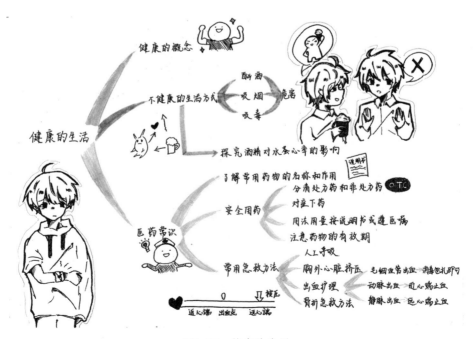

图3-19　健康的生活

⬛ 总结规律 ⬛

一、谐音助记法

（1）洋葱鳞片叶内表皮细胞临时装片的制作步骤：擦、滴、撕、展、盖、染、吸（巴基斯坦高尔基）。

人体口腔细胞临时装片的制作步骤：擦、滴、刮、抹、盖、染、吸。

（2）三大无机盐氮磷钾的作用。

（氮）蛋黄（意指缺氮时叶子发黄）。

（磷）淋浴（绿）（意指缺磷时叶子暗绿）。

（钾）甲肝（杆）（意指缺钾时茎秆健壮）。

（3）人体常见内分泌腺：胰性甲肾下垂（胰岛、性腺、甲状腺、肾上腺、下丘脑、垂体）。

二、借用诗歌谚语助理解

（1）种瓜得瓜，种豆得豆——说明生物的遗传性。

（2）龙生九子，各不相同——说明生物的变异性（基因重组）。

（3）落地生根——无性生殖。

（4）无心插柳柳成荫——无性生殖。

（5）飞蛾扑火——应激性、趋光性。

（6）一山不容二虎——种内斗争。

（7）螳螂捕蝉，黄雀在后——捕食（食物链）。

（8）大鱼吃小鱼，小鱼吃虾米——捕食（食物链）。

（9）鹬蚌相争——种间斗争。

（10）人间四月芳菲尽，山寺桃花始盛开——环境温度对植物的影响。

（11）橘生淮南则为橘，生于淮北则为枳——温度对生物的影响。

（12）星星之火，可以燎原——说明草原生态系统易破坏。

（13）野火烧不尽，春风吹又生——说明草原生态系统易恢复。

（14）作茧自缚——说明适应的相对性。

（15）一朝被蛇咬，十年怕井绳——条件反射。

（16）望梅止渴——条件反射。

三、顺口溜

1. 判断遗传病的显性或隐性关系

无（病）中生有（病）为隐性（遗传病）。

有（病）中生无（病）为显性（遗传病）。

2. 心脏结构

上房下室，心尖向左；房薄室厚，左室最厚。

上下相通，左右不通；房连静入，室连动出。

3. 血液成分变化

（流过）心脏动、静脉不变，各器官处要交换。

流过肺部静（脉血）变动（脉血）。

其他器官动（脉血）变静（脉血）。

4. 显微镜使用

（1）对光时要"三转"：转换器、遮光器、反光镜。

（2）寻找物象时：一看二降三反向，物象清晰调细望。

5. 食物的消化与吸收

淀粉消化始口腔，唾液肠胰葡萄糖。

蛋白消化从胃始，胃胰肠液变氨基。

脂肪消化在小肠，胆汁乳化先帮忙，

颗粒混进胰和肠，化成甘油脂肪酸。

口腔食道不吸收，胃吸酒水是少量，

小肠吸收六营养，水无维生进大肠。

6. 激素调节

内分泌腺无导管，激素虽少作用大。

生长激素垂体产，幼年过少成侏儒（幼年过多成巨人）。

生长发育甲状（腺激素）管，幼年过少变呆小。

食物缺碘成大脖（子病），糖尿病人胰岛（素）少。

7. 神经系统的组成

神经系统司令部，脑和脊髓做中枢。

中枢发生指挥令，四通八达靠神经。

大脑、小脑和脑干，组成高级脑中枢。

感觉运动语视听，大脑皮层发指令。

协、准、平衡小脑管，"活命中枢"在脑干。

灰白蝴蝶叫脊髓，反射传导小中枢。

基本单位神经元，细胞（体）突起来构成。

8. 眼球的构造

前角后巩为外膜，透过光线护眼球。

前虹后脉为中膜，调节光线供营养。

视网膜在最里面，感受光线成物像。

房水、晶状和玻璃，折射光线真神奇。

神经传导光刺激，视觉产生在大脑。

9. 耳的构造

耳郭、耳道成外耳，收集声波向里传。

鼓膜、小骨和鼓室，振动传递在中耳。

半规、前庭和耳蜗，感受声波在内耳。

神经传导声刺激，声音产生在大脑。

10. 人体内废物的排出

肾脏像只大蚕豆，腹腔后壁脊柱旁。

小球、小囊和小管，肾单位里成尿液。

血液流经肾小球，血球大分子继续走。

原尿滤到肾小囊，成人每日一百五。

肾小管处重吸收，营养物质回血液。

11. 人体的营养

牙龈出血坏血病，新鲜蔬果补Vc。

夜盲干眼缺Va，补充肝脏胡萝卜。

脚气病人缺Vb1，豆类谷类来补充。

钙和Vd壮骨骼，缺少易得佝偻病。

12. 显微镜的操作

一取二放，三安装。四转低倍，五对光。

六上玻片，七下降。八升镜筒，细观赏。

看完低倍，转高倍。九退整理，后归箱。

13. 尿的形成

肾小球，小囊壁；血液流经搞过滤。

细胞蛋白留血里；水盐维糖穿过去。

形成原尿不彻底；肾小管，重新吸。

葡萄糖，无剩余；尿液积多排出去。

14. 尿的形成

一条小管弯又长，末端顶个肾小囊。

囊中有个肾小球，动脉血在里面流。

血流经此来过滤，产生原尿小管去。

肾小管它好贪婪，有用物质吸收完。

废物余盐少量水，形成尿液送膀胱。

膀胱装满尿道排，内水平衡健康来。

15. 血液的组成

血液有浆有细胞，浆运细胞和养料。

红细胞，带氧跑。白细胞，把菌包。

血小板，凝血牢。各负其责身体棒。

16. 肺

胸腔左右二三肺，还有膈肌和两肋。

肋膈肌缩胸腔扩，吸入空气氧气多。

肋膈肌扩胸腔缩，呼出废气氧气弱。

气入肺泡过两壁，进入血管是毛细

氧入碳出交换急，最终氧去细胞里

17. 呼吸道

鼻咽喉，两气管；功能不要搞混乱。

呼吸道，有支撑；确保气流能畅通。

两气管，有纤毛；排菌化痰守卫牢。

清洁湿润又加温，黏液还能抵细菌。

18. 营养物质

糖脂蛋，水盐素；六类营养要记住。

谷豆食糖马铃薯，核桃花生加猪油。

奶蛋鱼肉和黄豆，提供能量主要物。

水盐素，量不足；出现问题很多处。

钙铁锌，又碘磷；缺铁吃肝治血贫。

大人脖肿小孩傻，那是因为缺碘啦。

缺A眼睛怕天黑，缺B容易得脚气。

缺C坏血很容易，缺D缺钙一样地。

19. 消化和吸收

口咽食胃小大肠，分工全都不一样。

口嚼舌搅淀粉消，胃内蛋白有走掉。

小肠里面最重要，胰液胆汁凑热闹。

消化吸收一肩挑，三类营养要记牢。

20. 合理膳食

早中晚，3 4 3，合理膳食很关键，

要让我来做顿饭，营养均衡心中念。

21. 血管

血管动静和毛细。动脉壁厚血流急，

管腔较小压力高。毛细管壁薄又细，

薄到只剩一层皮，两红细胞过不去，

单行通过换氧气。静脉壁薄弹性小，

部分分布在体表，还有瓣膜防血倒。

22. 显微镜结构

目镜物镜反光镜，镜座镜柱和镜臂。

镜筒下连转换器，准焦螺旋分粗细。

载物台上压片夹，通光孔下遮光器。

第 四 章

思悟教学行动研究

本章简介：我们在思悟教学实践的过程中，以行动研究的方式探讨过多种课堂教学模式。思悟教学，教学思悟，不仅有学生思悟力的提高，而且有教师思悟力的成长。本章列举了两个行动研究：一个行动研究是教师对一节课的三次打磨，对教师教学的观念和行为不断反思改进，通过教师自身的"思悟行"，诠释思悟的重要作用；另一个行动研究是思悟教学的课堂教学模式——"立体探究"教学模式的行动研究，在教学中树立以学生发展为本的理念，在教师的引导下，以探究实验为平台，通过多角度、多层次的立体探究，促进学生思悟力发展，提高学生的学习能力。

计算机模拟实验和真实实验
有效整合的行动研究

一、研究背景

实验是科学发展的基础，是探究活动的基本手段。实验教学不仅能帮助学生形成正确的概念，加深对知识的理解与记忆，而且与理论教学相比，实验教学在培养和提高学生的观察能力、实践能力、创新能力、合作能力等方面有着不可替代的作用。因此，生物学实验教学对提高学生的生物科学素养和培养学生创新精神具有重要的作用。

《义务教育生物学课程标准（2011年版）》的实施建议中指出："实验设计应该多样化。可以采用生物材料设计实验，也可以设计模拟性实验；有条件的学校还可以适当引入多媒体技术进行虚拟实验。"

因此，根据目前教育技术的发展情况来看，计算机模拟实验既迎合了现代教育发展的需要，也符合课标标准提出的教学建议。研究计算机模拟实验及其相关技术，研究如何将计算机模拟实验科学合理地应用于生物实验教学，探索一种新的教学模式，弥补真实实验教学的不足，对于推动生物实验教学改革，促进生物实验教学发展具有十分重要的意义。

二、理论依据

《义务教育生物学课程标准（2011年版）》中明确指出："计算机多媒体以其极强的交互性和模拟功能显示出它在生物学教学中的重要作用。"生物学教师应该在教学中充分利用各种教学软件，包括教师自制的教学软件，提高教学效率。

计算机模拟实验与真实实验有效整合的理论基础主要是皮亚杰的发生认识论，即发生认识者认为，知识产生于不断地建构，因为在每一个理解活动中都会有某种程度的发明：在发展中，一个阶段向另一个阶段的过渡。皮亚杰认为学习是学到越来越多有关认识事物的程序，即建构新认知图式的过程。从这个意义来看，计算机模拟实验与真实实验有效整合需要建构一种新的教学模式。

三、研究过程

（一）真实实验的不足

1. 发现问题

人教版《生物学》八年级下册第七单元第三章第三节有一个学生探究活动"模拟保护色的形成过程"，该活动主要通过"模拟保护色的形成过程"的探究活动，让学生从感性上认识生物进化的过程和原因，为深入理解核心概念"生物的遗传变异和环境因素的共同作用导致了生物的进化"打下基础。教材第60～61页的内容安排如下（见图4-1）。

　　图中动物的体色与周围环境的色彩非常相似，人们把这种体色称为保护色，具有保护色的动物不易被其他动物所发现，这对它躲避敌害或者捕食猎物是十分有利的。那么，动物的这种保护色是怎样形成的呢？
　　一、作出假设
　　你的假设是＿＿＿＿＿＿＿＿＿＿＿＿＿＿＿＿＿＿＿＿＿＿＿＿＿＿。
　　二、制定计划
　　你可以参考下列方案制订适合自己的探究计划。
　　1. 准备一块面积为0.8米×0.8米的彩色布料和100张各种颜色的小纸片（见下图）。

放有各种颜色小纸片的布料

（a）

2. 以小组为单位，5~6位同学为一组，推举一人为组长。

3. 组长在桌子上展开布料，作为生物的"生活环境"，并检查小纸片，记下纸片的颜色（小纸片的颜色代表某种动物不同的体色的变异类型）。

4. 组长是监督人，其他同学都是"捕食者"，他们的"猎物"是小纸片，组长时刻注意"捕食者"取出的"猎物"数和剩下的"猎物"数。

5. "捕食者"事先背对桌子，组长将小纸片均匀地撒在布上。注意：不要使小纸片粘在一起。

6. 每位同学想象自己是"捕食者"，小纸片是你的"猎物"，彩布的背景是你的生活环境。你每转向桌子一次，选一张小纸片（只用眼睛判定它的位置），把它拿出来放在另一只手中，然后继续转身选取，直到彩布上只剩下25张小纸片，组长通知不再选择时为止。注意："捕食者"不要特意寻找某种颜色的小纸片。

（b）

同学活动情景

7. 统计"幸存者"中各种颜色的小纸片的数目。

8. 假设每个"幸存者"都产生3个后代，而且体色与自己的相同。在每个"幸存者"下面放上3个从教师那儿拿来的备用小纸片。

9. 将"幸存者"和它们的后代充分混合，重复上面的第4~8步。每轮开始记录各种颜色的小纸片的数目。

（c）

三、实施计划

按上面的步骤实施计划并将数据统计在下表中：

项目	第一代		第二代		第三代		第四代		第五代	
纸片的颜色	开始数目	幸存者数	开始数目	幸存者数	开始数目	幸存者数	开始数目	幸存者数	开始数目	幸存者数

四、得出结论

你得出的结论是 _____

五、讨论

第一代和第五代中，哪种颜色的小纸片"幸存者"最多？这与布的颜色有什么关系。

（d）

图4-1　"模拟保护色的形成过程"教材内容

该活动设计看着非常简单，因此备课时未思考全面。2005年笔者第一次执教此实验，课前安排好了组长，每组6人，明确好分工，并让每个小组准备好卡纸（代替教材中的彩布）和彩色小纸片，做好了一切准备工作。在实际的教学中，学生按照实验的步骤操作，但最终的效果却不太理想，发现了以下三个问题：

（1）实验时间太长。从课堂观察来看，9个小组完成的时间很不一致，最快的小组用了23分钟，最慢的小组要用32分钟，这增加了课堂监控的难度，个别班由于时间太紧而无法完成对实验结论的分析，未能完成教学任务。

（2）实验效果不好。从组长提交的实验报告中发现，部分学生在实验中存在刻意选择的行为。这导致实验的数据受到学生主观意识的控制，影响了最终的结果，这样的实验属于无效的实验。

（3）兴趣不高。通过课堂观察，学生参与的热情不高。

2. 分析问题

针对实验出现的问题，笔者对所执教6个班的学生进行了问卷调查和访谈，仔细分析问题出现的原因。

关于"模拟保护色的形成过程"实验的问卷调查

亲爱的同学:

你好!做完"模拟保护色的形成过程"这一实验后,你有什么样的看法?老师很想了解你对这个实验的一些感受,以便开展生物实验教学。下面请你完成一个非常简单的问卷,答案没有对错之分,只要你同意题目的描述,就在右边的方格画"√"。

本调查以不记名的形式进行,不会影响你的考试成绩,请放心作答。衷心感谢你的合作!

生物科组

	同意	基本同意	不同意
1. 这个实验很容易完成。	□	□	□
2. 这个实验的实验方式过于单调。	□	□	□
3. 在实验过程中我有刻意选择捕食的猎物。	□	□	□
4. 组长要做的事情比较多。	□	□	□
5. 我觉得书本上的步骤是比较合理的。	□	□	□
6. 我在做这个实验前会想到许多新的问题。	□	□	□
7. 我能通过实验探究问题的答案。	□	□	□
8. 我认为做这个实验前一定要预习。	□	□	□
9. 我认为这个实验很容易出现错误操作。	□	□	□
10. 我喜欢分析自己做实验成功(或失败)的原因。	□	□	□
11. 我喜欢从实验中得到成功的感觉。	□	□	□
12. 我喜欢从实验中获得更多实用的知识。	□	□	□
13. 我觉得这个实验时间太长了。	□	□	□

14. 其他意见:＿＿＿＿＿＿＿＿＿＿＿＿＿＿＿＿。

总结得出以下三点:

(1)实验分工不合理。通过调查发现,教材中组长的任务过重,统计、监督、记录、计算、安放后代均由组长完成,花费时间过长。

(2)实验时间控制不合理。调查发现,教材虽然强调了捕食者不要特意寻找某种颜色的小纸片,但并没规定选取纸片的时间,这造成了部分学生有刻意选择的空间。

（3）实验方式简单乏味。由于本实验是模拟捕食者捕食猎物的实验，实验方式简单（转身然后选取纸片），重复性动作太多（每一代要重复15次，一共5代，共75次），刚开始学生还挺好奇，时间一长很多学生都提不起兴趣。

3. 改进实验

明确原因之后，为更好地指导下一轮的教学工作，笔者邀请了生物综合实践小组的6名学生一起对实验方案进行改进，并让这6名学生对方案进行反复实践。改进如下：

（1）每组6人，设一名小组长，负责记录、控制小组的"捕食"行动和实验准备；一名副组长，协助小组长的工作。另外4名学生每人负责往环境中添加一种颜色的"后代"。副组长和组员都要进行"捕食"行动。

（2）实验前，小组长将100张小纸片（红、黄、蓝、绿各25张）均匀分散地撒在大卡纸上，记录下小纸片的颜色和数量。

（3）"捕食者"围在卡纸四周等距站好，组长站在外围监督"捕食者"捕食。组长发出"开始"的指令后，"捕食者"眼睛注视前方"捕食者"的后脑，围着卡纸绕圈，每听到一次拍掌声马上"扑"向卡纸"捕食"猎物（小纸片），然后继续注视前方绕圈。组长有节奏地拍掌，并依次喊"1、2、3……"直到"15"为止（每组5名捕食者，捕食15次共捕获75只猎物）。这时，环境中（卡纸上）只剩下25张小纸片。

（4）环境中的25张小纸片由负责添加"后代"的4名学生负责统计，每人统计一种颜色，并假设每个"幸存者"产生3个与其颜色一样的"后代"，往卡纸均匀撒上相应颜色、相应数量的小纸片。

（5）重复上述第（3）（4）步。每轮开始前，组长要记录小纸片的颜色和数量，副组长协助核实。

4. 实施改进的实验方案后出现的问题

2008年笔者第二次执教此实验，有了前一次的经验，这次的实验教学实施了改进后的方案，取得了较好的效果。通过课堂观察发现，由于分工比较合理，各小组实验时间基本控制在20分钟，同时较好地排除了刻意选择的可能性。另外，小组竞赛、改良实验方式激发了学生的兴趣，实验的成功率较高。

实验的改进取得了预期的效果，备课组的教师都觉得该实验的教学安排比以前更合理，实验的时间更容易把握，实验的效果更明显。为了进一步了解学生对该实验方案的看法，笔者对部分学生进行了访谈，发现了以下三个问题：

（1）实验中的"猎物"每次都是不动的，这跟真实的情况有较大的差距，同时，由于"猎物"不会动，多次"捕食"后学生就记住了"猎物"的位置，影响了实验的效果。

（2）有时候小纸片不容易拿起来，导致学生不得不选择另外的纸片。

（3）操作步骤比较烦琐，安放"后代"需要时间较长。

（二）计算机模拟实验的尝试

学生提出的问题确实反映出模拟实验与原型——自然界的捕食行为有一定的差距，如何弥补这种模拟与真实的差距呢？如何简化实验的操作？笔者尝试用计算机模拟实验解决这些问题。

1. 计算机模拟实验的概念和特点

计算机模拟实验是指借助多媒体、仿真和虚拟现实等技术在计算机上模拟实验的环境和实验的部分环节或全部环节，使学生可以像在真实的环境中一样完成各种实验项目，让学生从中学习和掌握实验设计原理和实验操作的知识。计算机模拟实验有多种分类标准，根据其功能可分为三类：桌面式、分布式和沉浸式虚拟实验。桌面式虚拟实验，即学生通过鼠标的单击、拖拉等动作实现相应实验操作，在计算机屏幕上观察生成的实验结果。分布式虚拟实验运行在多台计算机上，通过分布式的网络环境学生可以进行实时交互，共享教学资源和虚拟的实验环境，甚至可以和其他用户计算机的仿真实验设备进行交互。沉浸式虚拟实验是一套比较复杂的系统，使用者只有佩戴头盔、数据手套等传感跟踪装置，才能与虚拟世界进行交互。这种系统的优点是用户可以完全沉浸在虚拟世界中，缺点是系统设备价格昂贵，难以普及推广。

本行动研究涉及的主要是桌面式虚拟实验。计算机模拟实验具有高仿真性、智能性、开放性、高效性、交互性、可扩展性、低成本以及安全等特点，能够使抽象的知识具体化、无形的知识有形化、深奥的知识浅显化。

2. 计算机模拟实验的制作

计算机模拟实验主要通过软件技术实现，最基本的两种软件是PowerPoint和Flash。其中，PowerPoint软件适用于开发演示型的模拟实验，它具有易学、制作速度快、体积小、便于携带、便于修改等特点，无须编制程序，但其交互性较差，动画效果不好；Flash是动画制作软件，可以变静为动，动画效果丰富多彩，通过编程可以实现复杂的交互效果，达到极佳的模拟效果，特别是模拟实验的操作。本行动研究所涉及的模拟实验是用Flash制作的，并且把它做成积件的形式，从而使其应用性更广泛。

图4-2为根据真实实验的不足而设计的"模拟保护色的形成过程"软件界面，该模拟实验资源可从网上获取（Http://shengwu.ht88.com/downinfo/284821. html），通过改良之后，界面整洁，操作简单，具有如下特点：

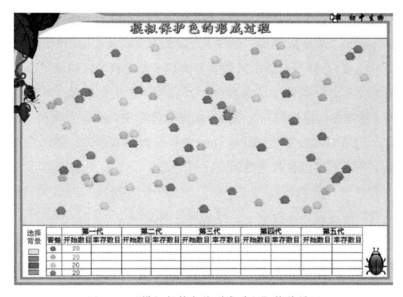

图4-2　"模拟保护色的形成过程"软件界面

（1）单击后进入的界面颜色模拟的是环境的颜色，而且这个界面的颜色有四种选择，方便学生进行比较。

（2）"猎物"的数量以及位置由软件自动计算并安放。刚开始时环境中每种颜色各20只，实验开始后学生通过单击环境中的"猎物"模拟"捕食"行为，相应的"猎物"消失，表示被吃掉。每单击一次闪屏一次（相当于主动使学生闭眼一次），这时"猎物"的位置发生变化，学生再次进行"捕食"，直至环境中的"猎物"剩下20只。软件在下方表格自动计算每种颜色幸存者数量，并按每个"幸存者"产生3个"后代"计算下一代的数量。然后软件马上在环境中随机安放相应数量的后代。游戏继续，重复上述步骤，直至第五代结束。

3. 新方案的优缺点及其引发的新问题

2010年，笔者第三次执教此实验，由于是计算机模拟实验的第一次尝试，为更好地找出存在的问题，笔者邀请全科组教师来听课，并向教学处申请了录像拍摄。课后，全科组教师进行了集体讨论，评议如下：曾老师首次将网络教学与生物探究实验进行整合，充分体现了网络教学的优势，关注学生主体，操作简便，有效地提高了学生参与度，增强了直观性，提高了探究的效率；有创意，为我们探索网络与学科教学整合开辟了新的思路；教学环节紧凑，重难点突出。计算机模拟实验以多媒体计算机为基础，以Flash软件为核心，充满了高新技术气息，与青少年学生追求时尚、敢于创新的个性特征相适应，学生实验时的参与度和专注度都很高。与前一阶段的真实实验相比，时间大大缩短，实验时间只需要5分钟。计算机模拟实验实现了更逼真的模拟效果，通过Flash软件良好的交互性，简化了实验操作，并且每个学生都能动手实验，获得成功，体现了新课标"倡导探究性学习，面向全体学生，提高生物科学素养"的课程理念。通过对部分学生的访谈，结合科组教师的评议，笔者发现计算机模拟实验也有需要反思和改进的地方：

（1）软件设计有点粗糙，"环境"和"猎物"所模拟的真实效果还有待提高，特别是环境设计比较单一，与自然界原型相差较大。

（2）学生独立完成的实验内容过多，（需要单击鼠标$60 \times 5 = 300$次），时间虽然不长，但部分学生认为过程比较烦琐。

（3）计算机模拟实验的过程理想化，对真实实验中一些细节，特别是容易出现的实验操作难点、实验的个性化现象等问题较难模拟，不利于培养学生发现问题和解决问题的能力；缺乏师生之间和生生之间的情感交流。

经过反思，笔者认为：既然计算机模拟实验时间短、效果好，让学生对实验的方法和原理有了很好的体验，不如在剩下的课堂时间里尝试加入真实实验，只为学生提供实验装置和材料，让学生自行设计可行的实验方案，以提高学生的科学探究能力。要达到这样的实验教学效果，关键是有效整合计算机模拟实验和真实实验。从实验地位上来看，计算机模拟实验是在真实实验的基础上依托信息技术设计出的实验，在一定程度上辅助了真实实验，但是计算机模拟实验是不能取代真实实验的，需要教师合理地安排两种实验的教学，实验设计的思路应该是以真实实验为主，以计算机模拟实验为辅。

（三）计算机模拟实验和真实实验的整合

基于上述思考，笔者对"模拟保护色的形成过程"实验方案进行了第三次改进，设计的方案如下：第一，先实施计算机模拟实验教学，使学生从感性上认识保护色的形成过程；第二，提供实验装置和实验材料，让学生依此设计实验方案；第三，实施真实实验教学，培养学生能力，加深学生对保护色形成过程的认识，进而理解生物进化的原因；第四，总结归纳。该方案突出了以真实实验为主的实验课堂，突出了以学生为主体的教学理念，培养了学生的分析、归纳、综合、探究、合作等能力。要使方案的效果最优化，首先要对计算机模拟实验和真实实验的方案进行改进。

1. 计算机模拟实验的改进

新方案中的软件允许学生选择实验对象的颜色、数量以及实验的环境颜色（见图4-3），每个学生独立完成的量便可以得到控制，不同层次的学生可以进行不同层次的探究。如果选择两种颜色各10只放入环境中，学生完成实验只需要点击50次（10×5＝50），两分钟内即可完成实验，体验到保护色的形成过程。如果选择难度最大的四种颜色各20只放入环境中，学生完成实验则需要点击300次（60×5＝300），约需要5分钟左右的时间。此外，软件设计还加入了计时功能，可用于个人竞赛或小组竞赛，提高"捕食"的速度，有效降低学生刻意选择的可能性。

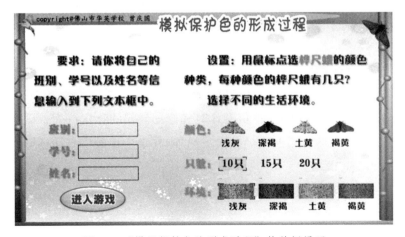

图4-3 "模拟保护色的形成过程"软件新界面

软件的环境（树皮）以及"猎物"桦尺蛾的形状与原型相似度极高（见图4-4），桦尺蛾在环境中的隐藏效果极佳，体现出"保护色"的保护效果，让学生得到最逼真的感受，加深了学生对实验原理的理解。

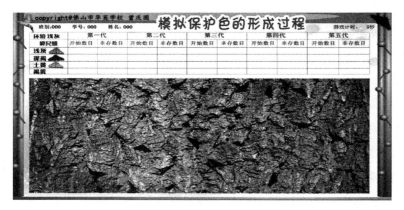

图4-4 "模拟保护色的形成过程"软件新的环境和桦尺蛾

2. 真实实验的改进

上述的实验，无论是真实实验，还是计算机模拟实验，学生扮演的角色都是"捕食者"，实验的进程是以学生的主观判断来推进的。如果能有一种以其他动物为"捕食者"的真实实验，计算机模拟实验和真实实验就有互相补充、互相促进的效果。在一次交流活动中，东莞中学徐佳老师介绍了杂食性鸟类鹌鹑啄食不同颜色的米粒这一实验，效果极佳，这让笔者对真实实验的改进有了明确的方案。

（1）每组准备鹌鹑1只，黑米、红米、黄米、白米各20粒，A3白色、黑色卡纸各一张。

（2）每组6名学生，学生根据材料设计实验方案。根据操作计算机模拟实验后掌握的经验，学生应能设计出以下的方案：

① 分工，设一名小组长，负责计时和控制鹌鹑的啄食行为；设一名记录员，记录鹌鹑每次啄食后剩余的数量；另外4名学生每人负责往环境中添加一种颜色的"后代"。

② 实验前，小组长取各色米粒均匀分散地撒在大卡纸上，记录下米粒的颜色和数量。

③ 放入鹌鹑（已做饥饿处理），任其啄食米粒一定的时间（最好为30

秒，时间少现象不明显，时间长鹌鹑容易吃饱，剩下的米粒也不多，容易出现偶然性），然后将鹌鹑移走。

④ 统计环境中剩余的各色米粒，假设每个"幸存者"都产生3个"后代"，而且颜色与原来相同，补充各色"后代"。

⑤ 重复上述第③④步，每轮开始前，记录员要记录各色米粒的数量，组长核实。

在此实验中，小鹌鹑的啄食行为是先天性行为，对各色米粒并无刻意地选择，与自然界的捕食行为是一致的。这让学生对"保护色的形成过程"有了更全面的了解。

3. 有效整合计算机模拟实验和真实实验的实施

2012年，笔者第四次执教此实验，尝试整合计算机模拟实验和真实实验。笔者先分析了桦尽蛾体色变化的实例，通过计算机模拟实验巩固学生对保护色形成过程的认识；然后引导学生根据实验材料设计实验方案，并分组完成实验方案，归纳得出生物进化的原因。整个实验教学围绕核心概念"生物的遗传变异和环境因素的共同作用导致了生物的进化"来组织教学，符合学生的认知特点，体现了新课标的课程理念。科组教师认为：曾老师将虚拟实验整合了真实实验，有一定的创新性，方便了操作，结果也更科学，充分体现了多媒体教学的优势。曾老师在方案设计中关注以学生为主体，用有针对性的问题引导学生有效地学习，有效地解决了难点，达成了三维教学目标。计算机模拟实验和真实实验的整合为探索信息技术与学科教学整合开辟了新的思路。

四、计算机模拟实验和真实实验有效整合的教学模式初探

笔者把计算机模拟实验和真实实验有效整合的教学模式的基本程序归纳为五个环节，即导学质疑—模拟探究—互动设计—合作探究—归纳总结（见图4-5）。

1.导学质疑

教师通过所设定的教学目标，根据教学内容和教育对象实际情况，创设一定的教学情境来引导学生积极主动地质疑问题，激发学生兴趣。

2. 模拟探究

学生在教师的指导下，通过计算机模拟实验进行有效的探究。

3. 互动设计

学生通过模拟探究获得足够体验，继而对问题产生更深入的思考，并设计合理的方案，打破思维定式，从而找到新的解题方法或答案。

4. 合作探究

教师根据学生的不同层次，以4～6人混合编成小组，使学生在一种积极互助的情境中，为达成共同的目标，分工合作，完成探究任务，并促进个人的学习。

5. 归纳总结

学生通过总结实验，梳理知识，掌握方法，提高能力。

图4-5 计算机模拟实验和真实实验有效整合教学模式的基本程序

五、研究的启示、不足与展望

（一）启示

通过对"模拟保护色的形成过程"这一实验的四次教学以及三轮改进，行动研究的成功之处和突出的亮点是初步形成了计算机模拟实验和真实实验有效整合的教学模式，并切实地付诸实践，取得了不错的教学效果。笔者认为，计算机模拟实验与真实实验是相辅相成的，只有充分发挥了两者各自的优势，才是真正的有效整合，才能为生物教学带来更好的效果。

1. 虚实互补

计算机模拟实验"逼真"，通过机器模拟，给学生带来的是虚的感受，而真实实验是客观存在的，给学生带来的是真实的感受。在教学中教师可以虚实结合，促进生物实验教学。在实施真实实验前，教师可以让学生通过计算机模拟实验得到初步的感知，通过计算机模拟实验的展示或操作，掌握实验步骤，得出实验结果，加强学生对知识的掌握和理解。通过实际动手操作，学生能针对实验中出现的问题进行分析，找出解决的办法，完成实验，并能从不同角度、不同层次得出不同的结论，如果只实施计算机模拟实验教学，是不能达到这样的效果的。

由此可见，虚实结合的实验更有利于学生掌握知识，发展思维，提高创新能力。

2. 情感交流互补

情感交流有利于培养积极情绪，增强学生的学习动机并促进学习，消极的情绪则会削弱动机，干扰学生的学习。真实实验需要学生互相交流合作才能完成，彼此间的情感互动频繁，有助于学生身心的发展，促使学生更积极地参与实验，而计算机模拟实验面对的是冷硬的机器，多半是人机互动，缺少情感交流，同时实验出现错误学生可以自行点击重新开始，教师不能很好地监督每一个学生，不能观察到学生出现失误的地方，不利于学生的发展。因此，在初中生物实验教学中，整合计算机模拟实验与真实实验时，要注意加强情感交流。

3. 偶发事件互补

真实实验中学生会受到偶发因素的影响，学生会针对这些偶发事件进行处理，从而提高学生解决问题的能力。但是在计算机模拟实验中，环境是绝对安全和理想化的，学生无须考虑偶发因素，如果过于依赖计算机模拟实验就会使学生慢慢丧失处理突发事件的能力。因此，在整合中计算机模拟实验时要考虑到偶发因素的存在，教师在设计时要把可能发生的危险情况以及影响实验结果的因素加进去，让学生处理，培养学生对错误的分析能力和实验的安全意识。

真实实验是计算机模拟实验的基础，计算机模拟实验是真实实验的再现，计算机模拟实验对真实实验的开展和教学起到了很好的辅助作用，同时，在真实实验中学生对计算机模拟实验和教学知识也加深了理解。二者相辅相成，互相促进，共同促进生物实验教学。

（二）不足与展望

本行动研究是反思和改进"模拟保护色的形成过程"这一实验课例，从中探索初中生物实验中计算机模拟实验和真实实验的关系，研究两者整合的策略和整合的模式。由于研究的实验课例单一，成果应用的广泛性还需要进一步研究才能确定。另外，计算机模拟实验和真实实验有效整合教学模式的实施对学生的学习能力、学习兴趣、学习成绩、教学效果等的提高效果需要在下一阶段的研究中才能获得。在今后的行动研究中，我们还需要在探究型实验教学、演示型实验教学、验证型实验教学等方面做出更多的尝试，进一步提高生物实验教学的有效性。

"立体探究"教学模式的行动研究

一、问题与思考

生物实验教学无论是在获取知识方面，还是在操作技能、智力发展、人格培养等方面都对学生起着重要的作用，是提高学生的科学素养和培养学生创新精神的平台。倡导实验教学与新课标的理念是吻合的。新课标指出："发展学生的生物科学素养离不开科学的学习过程。科学的核心是探究，教育的重要目标是促进学生的发展，生物学课程应当体现这两者的结合，突出科学探究的学习方式。"而实验又是科学探究的基础，探究性实验教学的实质就是将科学领域的探究引入课堂，使学生通过实验探究来学习科学知识，体验探究过程的曲折和乐趣。

但是，我在教学实践中遇到的实际情况是学生在生物探究实验学习中存在低效益的情况，客观的因素是生物不是中考科目，生物学科乃至生物实验一向不受重视，学生学习的态度不积极。另外，传统的生物实验教学是典型的接受学习模式，实验课堂上强调听从教师的指令，要认真看教师演示，学生只得跟着教师的脚步走，缺乏创新，理应新奇的体验却变成枯燥无味的重复性劳动。如何激发学生进行生物探究实验的积极性并提高生物探究实验的有效性呢？我认为是改变教学模式，因为有效的科学实验探究活动必须通过有效的教学模式来实现。

教学模式也是学习模式，是一种帮助学生获得信息、思想、技能、价值观、思维方式及表达方式的活动程序，也是教学生如何学习的教学活动。之前，我在探索"学案导学"教学模式时发现，在教师的适当引导下，学生自主设计的学案能提高学生学习的积极性和有效性。受此启发，我提出在初中生物探究实验中运用"立体探究"教学模式，即在教学中树立以学生发展为本的理念，促进学生思维发展，培养学生的创新能力和实践能力。我把对这个教学模式的研究纳入平常的教学工作中，并积极申报了市级课题《提高初中生物探究实验有效性的教学模式研究》。"立体探究"教学模式的理论依据是发现学习理论、建构主义理论。发现学习理论由美国教育家布鲁纳提出，其基本特点是不把现成的结论告诉学生，而是通过教师创设的问题情境，引导让学生自己去发现问题、解决问题。发现学习重视学生内在的学习动机，能激发学生的学习积极性，其关键是教师要为学生创设一个问题情境。建构主义理论的核心是以学生为中心，强调学生获得知识的多少取决于学生本人根据自身经验去建构有关知识意义的能力。在教学的有效性方面，教育部福建师范大学基础教育课程研究中心主任余文森教授提出三个方面的指标：一是学习速度，即学习效率；二是学习结果，即所取得的成绩；三是学习体验，即学习完后体验到的情感。其中学习体验是隐性指标，也是关键指标。"立体探究"教学模式以学生的发展为中心，通过创设情境，引导学生主动从多角度、多层次地探索未知，把学习的时间充分交还给学生，提高学生参与探究的积极性，着力提高学生的实践能力和创新能力。因此，我认为，"立体探究"教学模式能提高初中生物探究实验的有效性，并能提高学生的实践能力和创新能力。

二、研究计划与方法

（一）研究的假设

本研究假设"立体探究"教学模式能提高探究实验的有效性（在效率、结果和情感上得到提高），"立体探究"这一方法能提高学生的实践能力和创新能力。

（二）制订方案

根据笔者的实际工作情况和教材的安排，本行动研究的时间初定为两个学期，研究方案主要分为以下几个步骤：

第一步，前期准备工作。选择实验班和对照班，编写调查问卷，确定以《生物学》七年级上、下册两本书的12个探究实验为教学内容。

第二步，分阶段展开研究工作。第一阶段主要研究"立体探究"教学模式的可行性，初步拟定该模式的教学环节。第二阶段主要针对在第一阶段中出现的问题进行改进，研究典型的探究课例，完善教学模式。第三阶段是本研究的第二循环，深入研究如何使用"立体探究"教学模式，优化其结构，提高该教学模式的有效性。

第三步，通过学期能力检查（区统考）、学期实验操作考试和问卷调查收集数据，分析数据，得出结论。

在时间安排上，上学期进行第一、第二阶段的研究，下学期进行第三阶段的研究。

（三）研究方法

在本研究中，笔者采用了行动研究、等组实验、问卷调查、案例分析、课堂观察等方法。

1. 行动研究与等组实验

行动研究是指有计划、有步骤地对教育实践中产生的问题，由教师边研究边行动，以解决实际问题为目的的一种科学研究方法。行动研究是研究与行动的统一，实践与反思的统一。在本研究中，笔者将分阶段研究"立体探究"教学模式对提高初中生物探究实验有效性的作用。为了获得客观、科学的结果，笔者采用等组实验法，即对实验班和对照班采用完全不同的教学模式；再通过统一的测试与问卷调查了解不同教学模式对学生的学业成绩、学习能力和学习体验的影响。统一测试是指学生参加的区统考和学校组织的实验操作考查，其中学校组织的实验操作考查是以附加分的形式加入总成绩，笔者将对比在本研究始末进行的两次考查的成绩。

2. 问卷调查法

问卷调查是一种以书面形式间接搜集研究材料和数据的方法。在本研究中，笔者采用半结构形式编写调查问卷，回答形式上采用混合型方式（兼顾开放式和封闭式），以此了解初一的学生对生物探究实验的态度和兴趣等心理品质。问卷调查在研究前（前测）和研究后（后测）各进行一次。（见附件1）

3. 案例分析法和课堂观察法

案例分析法是指把实际工作中遇到的问题作为案例与同科组教师进行研究分析，找出最佳解决办法的分析方法。在本研究中，为搜集更多在课堂中遇到的问题，以完善"立体探究"教学模式，笔者主要采用课堂观察法从课堂教学中收集资料。课堂观察就是指研究者或观察者带着明确的目的，凭借自身感官（如眼、耳等）及有关辅助工具（观察表、录音录像设备等），收集资料，并依据资料进行相应研究的一种教育科学研究方法。我将和电教科组教师商量对几节典型的课堂进行录像，并与生物科组教师一起分析，集思广益，深入研究如何使用"立体探究"教学模式。

三、行动过程

（一）选择实验对象

2010—2011学年，学校安排我任教初一（1）至（6）班的七年级《生物学》课程。在我的工作单位，学校对学生采取平行分班的做法，因此各班学生的水平和能力虽有差异，但比较接近。为使研究结果更准确，在第一堂课我对学期课程做了简单的介绍后，用20分钟的课堂时间对6个班的学生进行了一次有关生物实验的不记名摸底测试（问卷见附件2）。测试的各班平均分见表4-1，我依照对照实验的设定原则选择了测试成绩接近、教师配置完全一样的初一（5）班和（6）班作为实验对象。初一（5）班是实验班，上探究实验课时采用"立体探究"教学模式，初一（6）班是对照班，上探究实验课仍旧采用传统教学模式。

表4-1　初一生物实验摸底测试（1）~（6）班的平均分

班别	（1）班	（2）班	（3）班	（4）班	（5）班	（6）班
平均分（分）	76.61	78.14	73.70	71.50	74.03	73.79

（二）实践与反思

1. 第一阶段："立体探究"教学模式的可行性

（1）课堂教学模式："自由探究"模式，指导实验。

第一阶段：2010年9月至10月。我先以人教版《生物学》七年级上册第一单元第二章第一节《环境对生物的影响》中的探究实验"光对鼠妇生活的影响"为例进行操作。"自由探究"是指教师先把相关的材料准备好，让学生根据教师的指导，自由选择自己喜欢的问题，自由设计方案，在教师的指导下进行实验。

我所实施的步骤如下：

首先，在实验前一节课的剩余时间里，我先告诉学生下节课的实验内容，并根据前几年的教学经验，给学生提供了一些参考资料，如鼠妇的生活、鲮鱼的生活、蚯蚓的生活等，要求学生根据这些资料在实验前一天先把想要探究的问题写下来，然后把探究方案设计好。

其次，在实验前一天把学生的方案收上来，修改一些不足的地方，并在实验前发还给学生。

最后，让学生根据自己的方案进行探究，在教师的指导下把实验的结果和实验的体会写下来。

（2）"自由探究"教学模式的优缺点及其引发的新问题。

传统的实验教学有统一的操作思路，只要认真模仿，较易成功。而"自由探究"教学模式，学生自主选择的空间更大，探究的范围也更广。与传统的方式相比，"自由探究"使学生的思维开阔，更接近学生自己的喜好，激发了学生在探究方面的兴趣。另外，"自由探究"教学模式提高了学生的创新意识。例如，有一组学生在思考时看到斜射进教室的阳光使教室更热了，就想到温度会不会对鼠妇的生活有影响。初一（5）班的叶璟威同学在体会中写道："在看完老师给的资料后，我发现鲮鱼好像对光线很敏感，这让我很感兴趣，所以，我决定探究这个问题。"马彦琳同学也写出了自己的真实感受："在实验后的交流中，我们得知了别的组的操作和结论，我们获得了更多的知识。"由此可见，"自由探究"教学模式提高了学生的学习兴趣，同时提高了探究实验的有效性，这种教学模式是可行的。

光对鼠妇生活的影响

一、提出问题

光会影响鼠妇的生活吗？

二、做出假设

鼠妇适于生活在阴暗的环境中，光会影响鼠妇的生活。依据是：在花盆、石块下等阴暗的地方看到了鼠妇，而在明亮的地方没有看到。当把花盆、石块搬开后，鼠妇很快就爬走了。

三、制定计划

材料用具：每个小组10只鼠妇，湿土，铁盘，纸板，玻璃板。

实验装置：铁盘内铺一层湿土，一侧盖上纸板，另一侧盖上玻璃板，形成阴暗和明亮两种环境。

方法步骤：

（1）放入鼠妇，静置2分钟。

（2）每分钟统计一次，统计10次。

四、实施计划

记录数据。

五、得出结论

你们小组的实验结果与假设一致吗？你们的结论是什么？

六、表达和交流

汇报结果，交流和分析。

《环境对生物的影响》问题统计

一、光对鼠妇的生活有影响吗？6组（指研究该问题的小组数量，下同）。

二、潮湿对鼠妇的生活有影响吗？2组。

三、光对鲮鱼的生活有影响吗？3组。

四、温度对鼠妇的生活有影响吗？1组。

"自由探究"教学模式也存在着一些不足之处。

第一，实验过程中问题较多（教材只有一个，"自由探究"时有四个），加大了教师的教学难度。

第二，通过课堂观察我发现，虽然学生情绪很高，但由于小组数量较多，教师对小组的具体指导较难，时间也显得不够。

第三，有些探究内容的研究小组数量不够，实验结果可能会出现偶然性。

经过反思，我提出了两个需要改进的问题：第一，如何精简"自由探究"的实验内容，但又适当拓展探究的范围，从而提高探究的深度和广度？第二，如何改进课堂分组指导形式，落实学生的实验时间，保证实验结果的客观性？

（3）应对措施。

第一，为"自由探究"设定范围。但是，如果"自由探究"的范围过于单一，则失去了"自由探究"的意义，因此，我制定了必做实验（增加探究深度）和选做实验（增加探究广度），并规定相关问题研究小组的数量。

第二，脱离40分钟的课堂教学限制，采用开放实验室的教学形式，增加学生的动手实验时间，增强自主性。

2. 第二阶段，"立体探究"教学模式的改进

（1）课堂教学模式："立体探究"模式，自主实验。

第二阶段：2010年11月至2011年1月，教学内容是《生物学》七年级上册第三单元第二章第一节《种子的萌发》中的探究实验"种子萌发的环境条件"。"立体探究"是指在确定的主题范围内，根据教学要求确定必做实验和选做实验，并在教师提供的资料指引下，学生自主选择实验内容，并以小组的形式自主完成实验，自行得出结论的教学方式。在进行这一阶段的教学前，我把我的教学设想在备课组活动时提了出来，备课组经过共同探讨后，同意了我的设想。

我的教学步骤如下：

第一步：备课组根据教学要求确定必做实验和选做实验。其中，必做实验是：①种子的萌发需要一定的水分吗？②种子的萌发需要适宜的温度吗？③种子的萌发需要充足的空气吗？选做实验是：①探究土壤对种子萌发的影响。②探究光对种子萌发的影响。在发放实验项目时，有学生提出想探究氮、磷、钾等肥料对种子萌发的影响，经考虑后同意立项。故选做实验也有三个。

第二步：将实验项目分发给学生。

第三步：学生自选实验项目，必做实验和选做实验各挑选一个，选择同一课题的学生可自由组合成一个小组（不超过5人），然后以小组为单位自己到实验室预约实验时间。

第四步：学生设计实验方案，小组讨论其合理性和准确性，并向实验室申请实验所需的种子和仪器。本次实验给学生准备的实验材料有小麦种子、水稻种子、绿豆种子、花生种子和红腰豆种子，实验仪器有广口瓶（有盖）、角匙、纸巾、大烧杯、小烧杯、量筒、温度计等。

第五步：教师先组织组长学习实验的注意事项，之后，学生按预约时间到实验室准备，领取种子和仪器后实施实验方案，教师只给予必要的指导。例如，设计时未遵循单一变量原则的，实验对象数量太少不能保证数据准确的，等等。其他方面让学生自主完成。

第六步：完成实验，学生交流、讨论实验结果，并完成实验报告。

第七步：学生自评、组评，教师根据学生参与的过程给予综合评价。

"立体探究"，包含"立体探究"的时间（预约时间和课堂时间安排）、"立体探究"的空间（教室、网络、实验室等）以及"立体探究"的内容（多元化的问题）。这一阶段的研究，实验班使用的是"立体探究"教学模式，对照班仍使用传统实验教学模式。

从学生自主设计的探究方案可以看出，学生已经学会了控制变量，并且能很好地掌握探究实验设置对照组的要求，小部分学生已经具备了预测实验结论和分析实验结果的能力（见图4-6）。这一次的实验，我发现学生的主体性、积极性和创新性充分发挥了出来，不仅完成了课本要求的基本内容，小部分能力较强的学生通过进一步的探究，还发现了新的知识。例如，初一（5）班的何锦茹同学在小组的进一步探究中得出了如下的结论（见图4-7）：

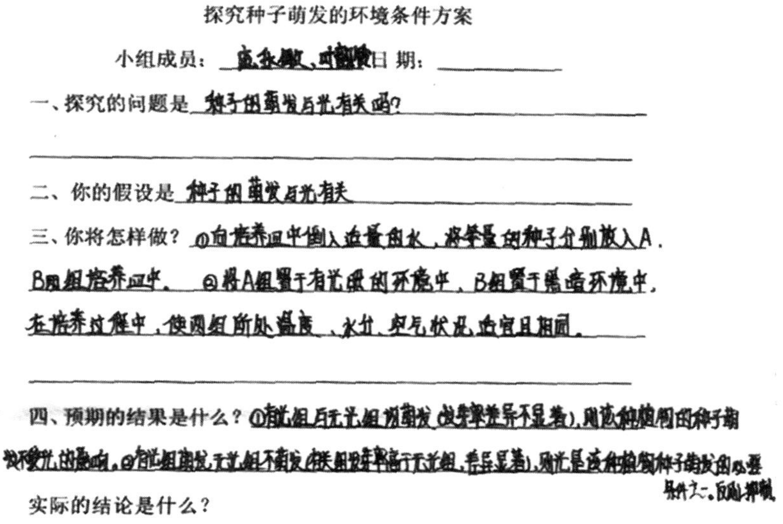

图4-6 庞乐敏小组自主设计的探究方案

五、你有什么新的发现？ 我们发现，不同的种子，萌发时的吸水量不同，在同等情况下，小麦的吸水量最大，红腰豆的次之，吸水最少的是花生。

六、你有什么感想？ 我们想把问题继续探究下去，希望老师给我们做指导。

图4-7 何锦茹同学进一步探究发现的新知识

（2）"立体探究"的优势与不足及引发的新问题。

在传统的教学模式中，本实验是在40分钟的课堂内由教师讲完实验原理、实验目的和实验注意事项等之后，全班同学在教师的统一指令下利用事先安排好的实验仪器和实验材料而进行的实验。学生的思考空间不大，也没有机会进行另外的尝试，探究实验变成了验证实验，降低了学生的学习兴趣，也使学生失去了发挥创新能力的机会。但在"立体探究"中，学生的反应非常积极，陈一帆同学在实验后写出了自己的体会："刚开始老师要求小组独立完成探究时，我们小组都没什么信心，想着完成老师的最低要求（一个必做实验）就算了。想不到我们竟然顺利完成了一个必做实验和一个选做实验。"唐艺璇同学是这样写的："以前的实验是跟着老师做，现在的实验是老师跟着我们做，感觉每一步都很新鲜。"可见"立体探究"满足了不同个体的不同需求，有效激发了学生学习的积极性，提高了探究的效率，也提高了学生的实践能力和创新能力。

与第一阶段的"自由探究"教学模式相比，"立体探究"教学模式得到了进一步的改进和完善。

第一，必做实验和选做实验拆分了原来的单个实验，降低了探究的难度，让能力不同的学生都能完成实验，都能体验成功。

第二，预约实验室的制度分流了大班制的教学。另外，教师提前给组长培训，让组长指导小组成员的实验，这些都保证了教师充足的观察课堂时间和指导时间，提高了教与学的效率。

第三，学生的实验报告体现了"立体探究"的有效性，也体现出学生的积极性和创新性。

不过，"立体探究"教学模式与传统的教学模式相比，教师显然要付出更多的时间、精力和耐心。如何优化"立体探究"所需要的时间？

（3）应对措施。

课堂的实验时间是有限的，为了不减少学生在实验课堂的动手时间，我决定通过加强课前的预习来提高课堂的效率。

3. 第三阶段，"立体探究"教学模式的优化和应用

（1）课堂教学模式：优化"立体探究"模式。

第三阶段是本研究的第二循环，从2011年2月至2011年7月，即整个七年级下学期。教学内容为《生物学》七年级下册第四单元第二章第二节《消化和吸收》的探究实验"馒头在口腔中的变化"和七年级上册第三单元第四章第一节《绿色植物通过光合作用制造有机物》的探究实验"绿叶在光下制造有机物"（因为课时的安排原因，备课组讨论后将七年级上册剩余的教学内容放在学期中后段讲授）。经过前两个阶段的练习，学生们的探究能力有了较大的提高，基本能独立在问题的指引下自主探究和总结。为了在全科组推广"立体探究"教学模式，集思广益，优化该模式，我向学校申请了两个课时的公开课，并申请了全过程录像。下面我以"馒头在口腔中的变化"为例，列举"学案导学"的教学步骤：

第一步：备课组根据教学要求确定必做实验和选做实验。其中，必做实验是：①馒头变甜与牙齿的咀嚼有关吗？②馒头变甜与舌头的搅拌有关吗？③馒头变甜与唾液的分泌有关吗？选做实验是：①馒头变甜与牙齿的咀嚼、舌头的搅拌有关吗？②馒头变甜与牙齿的咀嚼、舌头的搅拌和唾液的分泌有关吗？

第二步：教师通过制作教学网站、搭建学习支架及虚拟的实验环境，帮助学生掌握实验的步骤。

第三步：公布实验的项目，实施任务驱动教学。

第四步：学生根据自己掌握的内容自选实验项目，并根据自我的能力水平选择项目的数量。选择同一课题的学生可自由组合成一个小组（不超过3人），分好工。

第五步：第一课时，在网络电教室，学生登录网站，根据资料和模拟实验的结果设计实验方案，通过小组讨论完善实验方案，继而选择实验的材料和仪器。教师需要组织组长学习设计实验时的注意事项，如对照实验的具体要求、变量唯一原则、重复实验原则等。

第六步：第二课时，学生提前到实验室准备，领取实验材料和仪器后由组长带领实施实验方案，教师给予充分的信任，让学生在组长的安排下自主完成实验。同时，教师通过巡查课堂给予关键的指导，对科学性错误应予以纠正。

第七步：在完成实验后，教师指导学生表达和交流，肯定表现，指出不足，提出改进的方向，并让学生根据自己实验的结果完成实验报告。

第八步：完成自评、组评和师评。特别是师评，必须是过程性评价和终结性评价相结合，以鼓励、指导为主，给学生成长的空间。

在实施过程中，小组合作完成的探究方案是非常完善的，既考虑了对照组的设置，又考虑到单一变量原则（见图4-8）。

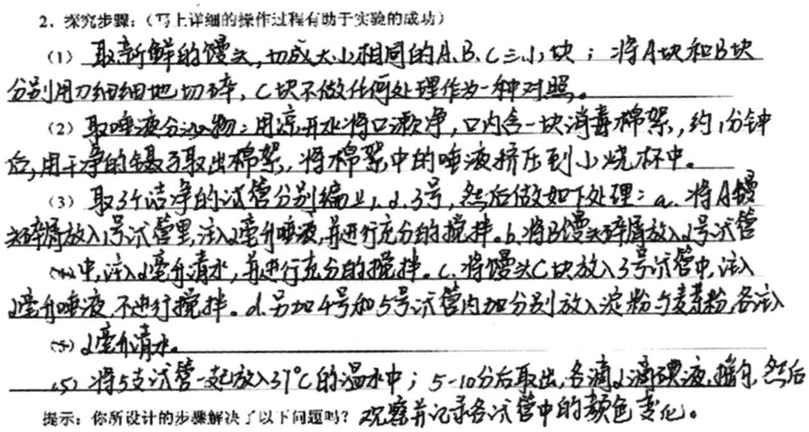

图4-8　谢斯翰小组设计的探究方案

在实验过程中，学生的创新能力同样展现了出来。下面为胡清毅同学所在的小组在实验成功后提出的新问题及陈一帆同学所在的小组所提出的新问题（见图4-9、图4-10）。我在肯定了他们的问题之后，鼓励他们继续探究。

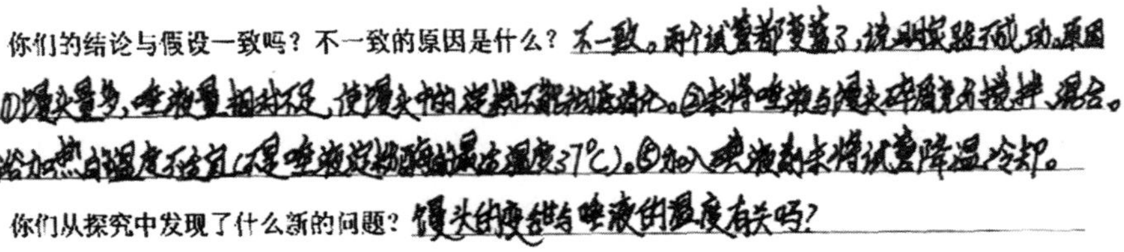

图4-9　胡清毅小组提出的新问题

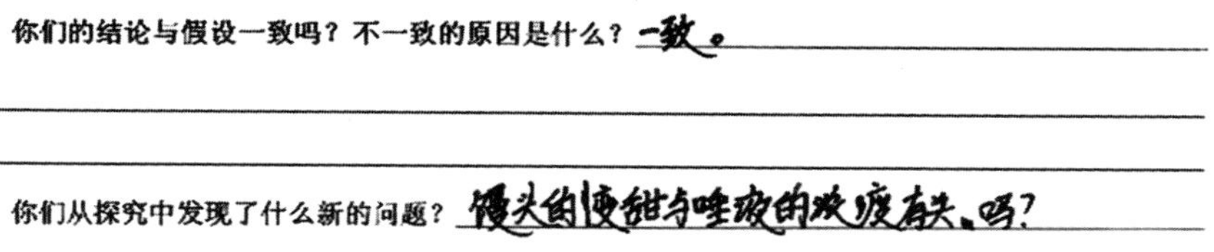

你们的结论与假设一致吗？不一致的原因是什么？ *一致。*

你们从探究中发现了什么新的问题？ *馒头的�甜与唾液的浓度有关、吗？*

图4-10 陈一帆小组提出的新问题

可见，这一模式的确能满足不同层次学生的不同需求，能有效激发学生的积极性，能提高探究实验的效果，并提高学生的实践能力和创新能力。

（2）"立体探究"教学模式的应用。

对比之前的"立体探究"教学模式，优化后的模式在时间安排上更紧凑，保证了学生的动手时间，并通过培养组长的方式加强了小组合作，强化了小组分工及组长的领导意识，减轻了教师的工作负担。同时，学生的能力得到了更好的锻炼，这正是《义务教育生物学课程标准（2011年版）》所提倡的："通过实践，能够在探究能力、学习能力和解决问题能力方面有更好的发展；能够在责任感、合作精神和创新意识等方面得到提高。"

经过这一次公开课后，我发现"立体探究"教学模式特别适合应用在多因素的探究实验中，那么，在单因素探究实验中能否有效应用"立体探究"教学模式呢？我组织备课组进行案例分析，反复观看了案例录像，总结得出："立体探究"教学模式也适用于单因素探究实验。为证明其可行性，我承担了佛山市的一节生物研讨课《绿色植物通过光合作用制造有机物》，在众多生物骨干教师前展示"立体探究"教学模式。由于是同课异构，另外有一名来自石门中学的老师用在一个班上同一节课，这同时也是检验"立体探究"教学模式比传统教学模式是否更有效的一个机会。我以这节课中的探究实验"绿叶在光下制造有机物"为例，制定教学步骤如下：

第一步：教师制作主题网站，网站包括探究实验的相关资料，特别是包括一个交互性强的课件，该课件可模拟探究实验的全过程。

第二步：学生在课前登录网站预习，根据探究手册和模拟实验的结果设计实验方案，小组讨论其合理性和准确性，并填写实验所需要的材料和仪器。教师组织组长学习实验时的注意事项。

第三步：小组提前一天到花圃处理材料，然后在实验当天学生提前到花圃摘下材料，再到实验室准备，领取仪器后由组长带领实施实验方案。教师只给予必要的指导，其他方面让组长带领组员自主完成。

第四步：完成实验，教师组织学生交流、讨论实验结果，并完成实验报告。

第五步：学生自评、组评，教师根据学生参与的过程给予综合评价。

在实验实施过程中，学生经过课前的预习选择了草本材料酢浆草，由于平时操作实验较多，仅用了8分钟（另一位老师的实验花了25分钟），学生很熟练且高效地完成了探究，然后填写完实验报告。在总结阶段，学生依旧积极思考，李晓晴同学提出了自己的看法（见图4-11）。这节课得到了市和区教研员、特级教师等骨干教师的一致好评。

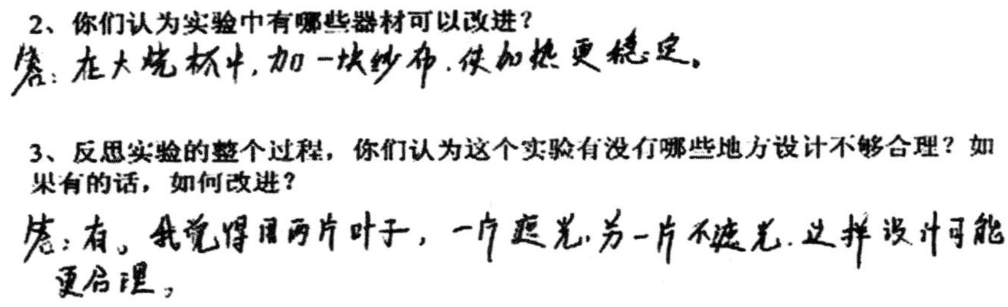

2、你们认为实验中有哪些器材可以改进？

答：在大烧杯中，加一块纱布，使加热更稳定。

3、反思实验的整个过程，你们认为这个实验有没有哪些地方设计不够合理？如果有的话，如何改进？

答：有。我觉得目两片叶子，一片遮光，另一片不遮光，这样设计可能更合理。

图4-11 李晓晴同学提出的实验改进意见

四、实验结果的分析

（一）实践能力分析

"立体探究"教学模式能提高学生的操作能力。我们对实验班和对照班进行了第一学期和第二学期两次操作考查，通过统计，学生的生物实验操作水平的平均分、标准差见表4-2。

表4-2 2010学年两次操作考查结果（满分20分）

时间	班别	人数	平均分	标准差	Z值	结论
第一学期	实验班	50	12.80	3.10	1.50	$P>0.05$ 两个班的成绩差异不显著
	对照班	50	11.40	5.82		
第二学期	实验班	50	16.60	2.38	3.85	$P<0.01$ 两个班的成绩差异非常显著
	对照班	50	12.80	6.56		

注：$|Z|<1.96$，则$P>0.05$；$|Z|\geq1.96$，则$P\leq0.05$；$|Z|\geq2.58$，则$P\leq0.01$。

从表4-2中可以看出，实验班的操作考查进步比对照班明显。实验班的平均分进步了3.80分，标准差降低了0.72。数据显示，学生的操作能力在提高的同时，相互间的操作能力差距缩小了。根据对数据的进一步分析，如果把成绩分成优、中、差三个等级，"差"等级的学生进步最大，"中"等级次之，"优"等级进步较小（"优"级的成绩已经接近满分，所以进步的分数较少）。我认为，这是因为"立体探究"强调小组分工，强调合作学习，因此不同层次的学生在探究中所得的收获也不一样。而对照班实施传统教学模式，成绩的进步幅度不大，个体间的差异更加明显。为得到更科学的结果，又因为两个班的人数都超过了30人，我采用了大样本平均值差异性检验的"Z值"来检验两个班成绩差异是否显著。经过"Z值"检验，差异水平达到"非常显著"。这说明，"立体探究"教学模式是一种有效的实验教学模式，能显著地提高学生的实践操作能力。

（二）学业成绩分析

"立体探究"教学模式能提高学生的学业成绩。通过对比我们发现，两个班的学期统考成绩比之前的摸底考有明显进步，但幅度不同，实验班进步的幅度大于对照班，实验班从原来的平均分高于对照班0.24分，到学年末区统考时超出4.2分。经过"Z值"检验，差异水平达到"显著"（见表4-3、表4-4）。这说明，"立体探究"教学模式起到了提高学生学业成绩的作用。

表4-3　2010学年学期初摸底考试结果统计

项目	人数	平均分	标准差	Z值	结论
实验班	50	74.03	8.77	0.13	$P>0.05$ 两个班的成绩差异不显著
对照班	50	73.79	9.29		

表4-4　2010学年第二学期区统考的结果统计

项目	人数	平均分	标准差	Z值	结论
实验班	50	89.20	7.27	2.33	$P<0.05$ 两个班成绩差异显著
对照班	50	85.00	10.45		

注：$|Z|<1.96$，则$P>0.05$；$|Z|\geq1.96$，则$P\leq0.05$；$|Z|\geq2.58$，则$P\leq0.01$。

（三）学习能力分析

"立体探究"教学模式能提高学生的学习能力。图4-12、图4-13是选自实验班和对照班各一名学生的实验报告，内容是"馒头在口腔中的变化"这一探究实验。我们可以看到，经过"立体探究"教学模式下的多次自主实践，实验班的学生思维开阔，创新性强，经常在课堂上质疑，敢于提出新的看法，并能主动思考去解决新出现的问题。新课标中强调："倡导探究性学习，改变学生的学习方式，引导学生主动参与、乐于探究、勤于动手，逐步培养学生收集和处理科学信息的能力、获取新知识的能力、分析和解决问题的能力，以及交流与合作的能力等，突出创新精神和实践能力的培养。"

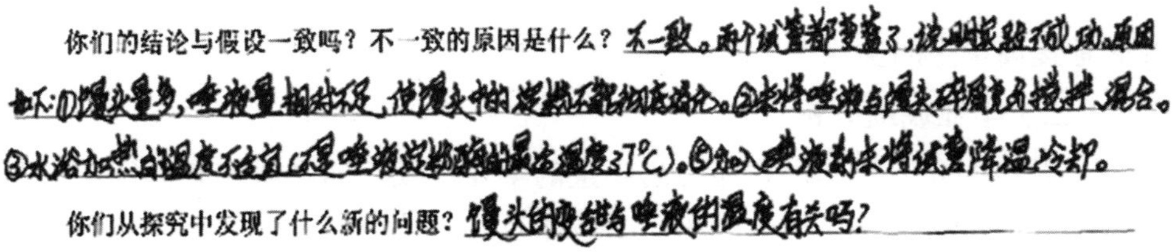

你们的结论与假设一致吗？不一致的原因是什么？不一致。两个试管都变蓝了，说明淀粉没有被分解。原因：①馒头量多，唾液量相对不足，使淀粉中的淀粉不能被分解。②未将唾液与馒头均匀搅拌混合。③水浴加热的温度不合适（最适温度37℃）。④没有将液体过试管降温冷却。

你们从探究中发现了什么新的问题？馒头的硬软与唾液的温度有关吗？

图4-12　实验班胡清毅同学的实验报告

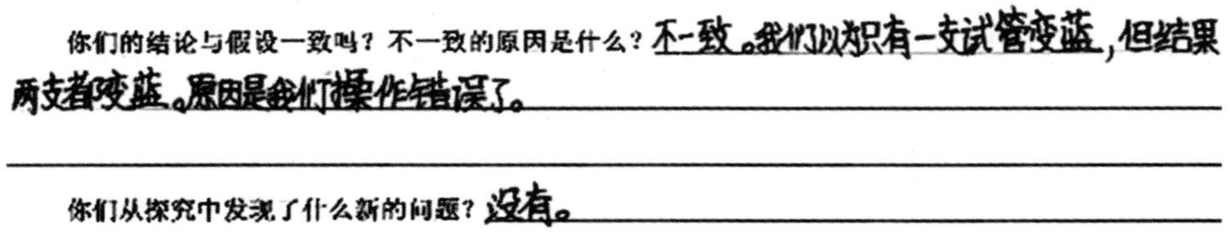

你们的结论与假设一致吗？不一致的原因是什么？不一致。我们以为有一支试管变蓝，但结果两支都变蓝。原因是我们操作错误了。

你们从探究中发现了什么新的问题？没有。

图4-13　对照班卢博同学的实验报告

在2010学年第二学期的区统考中，实验题第35题要求学生分析"馒头在口腔中的变化"这一实验（见图4-14）。实验分析题是检查学生学习能力的题目，需要学生平时在实验时认真实践，也需要运用分析、推理等多种方法去得到正确的结论。结果，实验班的学生解题时能抓住"变量"这一关键因素判断实验组和对照组，并结合实验时的结果写出了"馒头被唾液彻底消化成麦芽糖"这一结论。实验班得满分的人数比对照班多5人，而平均分高出1.08分，检验"Z值"，差异水平达到"非常显著"（见表4-5）。这表明，"立体探究"教学模式提高了学生的学习能力。

35.（10分，每空2分）在探究"馒头在口腔中的变化"时，进行了三种处理：①将馒头屑与唾液放入1号试管中，充分搅拌；②将馒头屑与清水放入二号试管中，充分搅拌；③将馒头屑与唾液放入3号试管中不搅拌。试问：

（1）以"唾液"为变量时，①的对照组为第_____种处理。

（2）以"舌的搅拌"为变量时，①的对照组为第_____种处理。

（3）若将3支试管都放入37度左右温水中，5~10分钟后取出，_____号试管中的物质遇碘后始终不变蓝，因为_____。

（4）在制订这项探究计划时，有同学提出："除了以上三种处理外还要进行第四中处理，就是将馒头块与清水放入试管中不搅拌。"你认为第四种处理_____必要（填有或"不"）

图4-14 2010学年第二学期区统考试卷第35题

表4-5 2010学年第二学期区统考第35题的结果统计

项目	人数	满分	平均分	标准差	Z值	结论
实验班	50	12	8.34	1.57	3.20	$P<0.01$ 成绩差异非常显著
对照班	50	7	7.26	1.80		

注：|Z|<1.96，则$P>0.05$；|Z|≥1.96，则$P≤0.05$；|Z|≥2.58，则$P≤0.01$。

（四）学习兴趣分析

行动研究结束后，我利用《关于初中生物探究实验的问卷调查》（见附件1）这一问卷对学生再次进行了不记名调查。学生原有人数100人，收回有效问卷100份。然后，我对结果进行了统计，并把前测的结果进行了比较（见表4-6）。

表4-6 实验前、后学生对实验的兴趣差异显著性比较（M+SD）

项目	前测	后测
实验班	31.81+4.43	35.18+3.56
对照班	32.76+3.66	33.24+4.18
Z值	-1.17	2.46
P值	$P>0.05$	$P<0.05$
显著程度	不显著	显著

注：|Z|<1.96，则$P>0.05$；|Z|≥1.96，则$P≤0.05$；|Z|≥2.58，则$P≤0.01$。

数据显示，在行动研究开始之前，对照班在实验兴趣方面略高于实验班；但在行动研究结束后，实验班对实验的兴趣已经超过对照班，经过检验"Z值"，差异水平达到"显著"。这就表明，"立体探究"教学模式提高了学生的学习兴趣。在我们学校，每个学年的第二学期都会进行一次学生对教师工作的评教活动，主要是对教师上课满意率的调查和对教师工作的建议和感受。在2010年进行的这一次不记名评教活动中，学生对我的课堂评价满意率达到100%，很多学生都提到很喜欢上实验课，特别是实验班的学生。学生们提道："每次的实验课都很有收获，喜欢到实验室上课。""实验课很好玩，既锻炼了动手能力，又能学到知识。""很喜欢老师在实验前要我们先思考，再动手，这让我们很容易成功。"有些学生甚至直接说："多上实验课！"爱因斯坦说过："兴趣是最好的老师。"学生对探究实验有了浓厚的兴趣，就会主动在实验中探索新知识，并在实验中产生愉快的情绪和体验，使学习的效率更高，继而容易提升学习成绩。这正是"学习体验"作为有效性的关键指标的原因。

五、结论与展望

（一）结论

（1）"立体探究"教学模式能提高探究实验的有效性。课堂上，减少了教师的堂上"灌输"，增加了学生的动手时间；学习上，学生的操作实践能力、学业成绩和学习能力都得到了提高。

（2）"立体探究"这一方法能提高学生的创新能力，如探究问题的创新性、实验材料的创新性等都有一定程度的提高。

（3）"立体探究"教学模式提高了学生的学习兴趣，增强了学生的学习体验。

（二）展望

（1）"立体探究"教学模式的构建，要求教师创建一个有效支持学生进行自主学习的环境，创设一个有利于意义建构的情境，帮助学生在此情境下对课堂信息进行有效的处理，发展学生的科学思维，丰富学生的思维方法，提高学生的思维品质，有利于学生学习的自我调控。但是，如何有针对性地创设这样的情境？这还有待教师进一步探索。

（2）"立体探究"教学模式为实验教学提供了更多选择，但并不是所有的实验课都适合这种模式，本行动研究所研究的课型仅限于探究实验。其他的课型，如验证实验课、技能实验课、演示实验课等，哪一种更适合这种教学模式呢？这有待于以后研究。

（3）"立体探究"教学模式行动研究实施的时间只有一个学年，"立体探索"的教学环境受多种因素的影响，有选择地加以利用，才能真正地发挥"立体探究"的作用。由于部分教师已经习惯用"满堂灌"等传统教学模式作为基本的教学模式，所以必须对教师进行充分的教学策略训练，使教师从心理上接受并愿意使用这种新的模式。另外，教师还应从年级差异、学科特色、教学内容的选择方面等进一步完善这种教学模式，提高课堂的有效性。

附件1：

关于初中生物探究实验的问卷调查

亲爱的同学：

你好！你喜欢做实验吗？老师很想了解你对生物实验的看法，以便开展生物实验教学。下面请你完成一个非常简单的问卷，答案没有对错之分，只要你同意题目的描述，就在右边的方格打"√"。最后一题是问答题，你可以根据自己的需要填上相应的建议。本调查以不记名的形式进行，不会影响你的考试成绩，请放心作答。衷心感谢你的合作！

	同意	基本同意	不同意
1. 我喜欢看生物的影片或电视节目。	☐	☐	☐
2. 我喜欢养小动物。	☐	☐	☐
3. 我喜欢自己动手做实验。	☐	☐	☐
4. 我希望老师在实验课上多讲解。	☐	☐	☐
5. 我希望老师或同学能在实验前给我做示范。	☐	☐	☐
6. 我在做实验前总会想到许多新的问题。	☐	☐	☐
7. 我能通过实验探究问题的答案。	☐	☐	☐
8. 我认为实验前一定要预习。	☐	☐	☐
9. 我觉得写在课本上的结论都是对的。	☐	☐	☐
10. 我认为实验很容易出现错误操作。	☐	☐	☐

11. 我喜欢分析自己做实验成功（或失败）的原因。　□　□　□

12. 我喜欢从实验中得到成功的感觉。　□　□　□

13. 我喜欢从实验中获得更多实用的知识。　□　□　□

14. 我有很强的动手能力。　□　□　□

15. 我偶尔会有些小的发明创造。　□　□　□

16. 我能熟练使用显微镜。　□　□　□

17. 我在小学时已经做过三次以上的实验。　□　□　□

18. 我愿意花时间和精力做长时间的实验。　□　□　□

19. 我能写出详细的观察日记。　□　□　□

20. 我喜欢从网上或书上找到有关实验的内容。　□　□　□

21. 你对即将进行的生物探究实验有何建议？

_____

_____

一、问卷说明

问卷一共包括21个题目，其中第21题是开放性题目，第1～20题主要针对三个影响学生进行探究实验的因素进行调查。各个题目的测试内容见表4-7。各个内容的含义及计分方法见表4-8。

表4-7　关于初中生物探究实验调查问卷的结构

测量内容	兴趣	意识	能力
问题编号	1、2、3、6、11、12、13、20	8、9、10、18	4、5、7、14、15、16、17、19

表4-8　关于初中生物探究实验调查问卷的内容含义及计分方法

测量内容	含义
兴趣	在学习过程中，对事物喜好或关切的情绪（满分40分）
意识	在学习过程中，对事物采取的心理反应（满分20分）
能力	在学习过程中，完成某一活动必需的主观条件（满分40分）
计分方法	分为"同意""基本同意""不同意"三个等级，计分时第4、5、10题，按1、3、5得分，其余题目按5、3、1得分

调查时间：2010年9月（前测）

调查对象：华英学校初一级（5）（6）班的学生，共100人。

调查方法：采用不记名问卷的方式。学生原有人数100人，收回有效问卷100份。

调查结果及分析：对实验组和对照组的调查结果进行统计（见表4-9）。

表4-9　实验前学生的差异显著性比较（M+SD）

对比数据	兴趣	意识	能力
实验班	31.81+4.43	16.11+2.87	32.49+3.85
对照班	32.76+3.66	15.25+2.54	32.62+4.73
Z值	−1.17	1.59	−0.15
P值	0.12	0.06	0.44
显著程度	P>0.05不显著	P>0.05不显著	P>0.05不显著

注：$P>0.05$为差异水平不显著，$P\leq0.05$为差异水平显著，$P\leq0.01$为差异水平非常显著。

结论：数据显示，实验班与对照班在关于探究实验的兴趣、意识和能力方面不存在显著差异。

二、关于第21题学生提出的建议

在学生提出的建议或意见中，有的学生说："老师讲解要清晰，最好能让同学给我们示范，这样可以为我们完成实验树立信心。"有的学生说："多一点提问，多一点引导。"有的学生说："实验探究是我们学生自己的事，老师不必过细介绍过程，让我们自己想过程和注意事项，然后和大家交流。"有的学生说："让每个同学都会做，可以适当组织一些实验竞赛之类的活动，调动大家的实验积极性和动手能力。"有的学生说："实验时，划分小组时，应考虑实验能力强弱搭配，互相学习，有利于增强每一个同学的完成实验的信心。"有的学生说："单独靠课堂时间来完成实验，有时时间不充裕，可以组织课外兴趣小组，弥补实验没有彻底完成的缺憾。"还有的学生提出："实验时不要手把手地教，给我们自己一点创新、探究的机会，让我们体验一下成功的喜悦。"

分析：

（1）学生大多希望老师少说，给学生更多的思考空间和实验时间。

（2）学生希望在分组时注意个人能力的特点。

（3）学生希望可以有课外的实验时间。

调查后我的感想：学生的看法与我提出"立体探究"教学模式的出发点是一致的。

附件2：

初中生物探究实验基础知识能力检测

班别：_____

一、选择题

在每小题给出的四个选项中，只有一项是符合题目要求的，把所选项前的字母填在题后的括号内。

1.要想观察到植物叶片上的细胞，我们最好使用（　　）。

　　A.放大镜　　　　B.显微镜　　　　C.电脑　　　　D.数码相机

2.通常所说的"白色污染"是指（　　）。

　　A.冶炼厂的白色烟尘　　　　　B.石灰窑的白色粉尘

　　C.聚乙烯等白色塑料垃圾　　　D.白色建筑废料

3.世界上最大的哺乳动物是（　　）。

　　A.大象　　　　B.蓝鲸　　　　C.野马　　　　D.鲨鱼

4.下面不是造成温室效应的气体但被称为"温室气体"的是（　　）。

　　A.二氧化碳　　　B.甲烷　　　　C.氯氟烃　　　D.一氧化碳

5.海带和紫菜中含有能预防人体大脖子病的元素是（　　）。

　　A.铁　　　　B.钙　　　　C.碘　　　　D.锌

二、判断题

把答案填在题后的括号中，正确的打"√"；错误的打"×"。

1.植物的叶片颜色全是绿的。　　　　　　　　　　　　　（　　）

2.水稻、玉米、小麦的叶是带形的。　　　　　　　　　　（　　）

3.马铃薯可食部分是地下茎。　　　　　　　　　　　　　（　　）

4.能吃的植物都是吃果实部分。　　　　　　　　　　　　（　　）

5.会飞的都是鸟类。　　　　　　　　　　　　　　　　　（　　）

6.哺乳动物都在陆地上生活。　　　　　　　　　　　　　（　　）

7.老鹰的喙和脚适于捕捉小虫。　　　　　　　　　　　　（　　）

8.蜜蜂是用冬眠的办法过冬的。　　　　　　　　　　　　（　　）

三、陈述题

可根据自己的知识面，用自己的语言，自由陈述。

1.绿色植物制造的有机物是什么？

2.简述昆虫的主要特征？

附件3：

课题：绿叶在光下制造有机物（预习指南）
（小组成员分工）

组长：_____，观察员：_____，操作员：_____，记录员：_____

一、网络预习

1. 输入网址http：//www.fshyschool.net/zqg（在华英学校网址后加上zqg）。

2.进入网站后，必须完成"课程学习"的全部内容。

3.了解石棉网的作用，特别注意酒精灯的使用方法。

4.完成"课程学习"后，可自由浏览整个网站的内容。

二、课本预习

1.预习课本第119~121页，结合网络预习的内容，尝试解释书本的每一个步骤为什么要这样做。例如，为什么要把盆栽的天竺葵放到黑暗处一昼夜？

2.思考一下：如果要探究光是不是绿叶制造有机物不可缺少的条件，你将怎样设计实验？你的步骤与课本的相同吗？你所使用的器材与课本的相同吗？把它写下来。（其中创新的地方请用△标注一下）

_____

_____

_____

_____

三、拓展预习

1.你认为实验中有哪些器材可以改进？

_____

_____

_____

第四章 思悟教学行动研究

169

2. 你认为这个实验有没有哪些地方设计不够合理？如果有的话，如何改进？

_____

_____

_____

3. （第121页课后练习第1题）有的同学认为，从植物体上取一片绿叶，按照本节实验指导的第4～6步进行操作，就可以检验绿叶在光下制造的有机物是否为淀粉。你认为他的想法正确吗？为什么？

_____

_____

_____

课题：绿叶在光下制造有机物（探究手册）

（小组成员分工）

组长：_____，观察员：_____，操作员：_____，记录员：_____

一、目的要求

1. 检验绿叶在光下制造的有机物是不是淀粉。

2. 探究光是不是绿叶制造有机物不可缺少的条件。

二、实验步骤

参考课本第119～121页，如果你们有自己的方法，请按自己的方法实施，并把与课本不同的地方写在下面。

三、实验现象

1. 加热后，酒精有什么变化？这说明了什么？

2. 滴碘后，叶子发生了什么变化？

四、实验结论

从实验可以看出，叶片见光部分_____，实际是_____遇碘变蓝，说明叶片的见光部分产生了一种使碘液变蓝的有机物_____；

遮光部分_____，说明没有产生_____，绿叶制造有机物不可缺少的条件是_____。

五、质疑创新

1. 你们的实验步骤有没有与课本不同的地方？

2. 你们认为实验中有哪些器材可以改进？

3. 反思实验的整个过程，你们认为这个实验有没有哪些地方设计不够合理？如果有的话，如何改进？

"立体探究"教学模式

一、"立体探究"教学模式的定义

"立体探究"教学模式是指在教学中树立以学生发展为本的理念，在教师的引导下，以探究实验为平台，通过多角度、多层次的立体探究，促进学生思悟力发展，提高学生学习能力的教学活动。其本质是学习主体在教育工作者创设的教学情境中不断主动和自主地参与探究，提高能力和升华情感体验的过程。

二、"立体探究"教学模式的理论依据

"立体探究"教学模式的理论依据是建构主义理论和人的全面发展理论。

建构主义学习理论提倡在教师的指导下，以学生为中心的学习，也就是说既强调学生的认知主体作用，又不忽视教师的指导作用，教师是意义建构的帮助者、促进者，而不是知识的传授者与灌输者；学生是信息加工的主体，是意义的主动建构者，而不是外部刺激的被动接受者和被灌输的对象。建构主义学习环境包含情境、协作、会话和意义建构等四大要素。

另外，人的全面发展理论认为，人在各个方面都具有一定的潜力，只要给予适当的外部条件，就能调动其主观能动性，使其潜能和个性得到最大限度地发挥。这一理论认为人在各个方面只有得到充分而自由的发展，才能适应社会发展的需要。这一理论揭示了学生在探索性、自主性、研究性学习中具有一定的潜力。

三、"立体探究"教学模式的内涵

"立体探究"教学模式可以用"一个平台、两个学习互动体、三维环境、四个基本环节、五个成效"来概括。

1. 一个平台

一个平台是指以探究实验作为教学的平台。本研究以人教版《生物学》七、八年级课本中16个探究实验为研究素材，根据不同的实验内容、不同的阶段和不同的方向探索出不同的教学模式。

2. 两个学习互动体

两个学习互动体，其一是指以教师为主导，以学生为主体，两者形成"教学互动体"，其二是指学生与学生之间形成"学习互动体"。《义务教育生物学课程标准（2011年版）》中强调，生物教学不仅是教师讲解和演示的过程，也是师生交往、共同发展的互动过程。教师和学生都是独立的个体，都是具有独立人格价值的人，两者在人格上是平等的。但是课堂中的师生互动绝不会自然产生，它建立在师生间平等、尊重、理解的基础上。要实现师生的交往互动，教师首先要构建民主、平等、和谐的师生关系，教师要彻底摒弃"师者为尊"的传统意识，给学生以心理安全感，给学生充分的尊重，让尊重走进课堂，使学生在和谐、宽和、放松的精神状态下学习。互动意味着人人参与，意味着平等对话，教师将由居高临下的权威转向"平等中的引导者"。因此，需将传统意义上教师的教和学生的学，让位于师生互教互学，教师具有"教"与"学"的双重关系，同时，生生之间也存在相互学习、相互促进的关系。"教学互动体"和"学习互动体"组成一个多向互动的课堂结构，两者结合形成一个"学习共同体"。

3. 三维环境

三维环境是指创造时间立体化、空间立体化和内容立体化的探究环境，即时间、空间和内容的三维立体环境。

（1）时间立体化是指根据教学内容的需要，对时间实行弹性设置，突破时间的限制，可将课堂时间延伸到课外时间（如可预约时间到实验室做实验）。

（2）空间立体化是指探究教学不局限于课堂和实验室，可将课堂教学延伸到多媒体电脑室、生物园甚至延伸到家里、社区等。其原则是由课堂带动课外，再由课外促进课堂，课堂是基础，课外是有效补充。

（3）内容立体化是指在教师提出的范围内，学生可自由选择实验内容，可自行设计实验方案，可自行按方案选择实验器材，由学生自己完成探究实验的整个过程。内容立体化能有效地调动学生的主动性和发挥学生的创造性，使学生更好地参与到探究实验中来。

需要指出的是，三维立体探究环境的创造是基于生物学探究实验本身的特点的，有些探究（如种子的萌发、废电池浸出液对生物的影响等实验）是无法在一个课时完成的，也无法完全在课堂上展开，这就需要应用三维立体探究环境。

4. 四个基本环节

四个基本环节是指立体探究教学模式的教学活动由多维导学、立体探究、评价总结、质疑创新四个基本环节完成。

（1）多维导学。多维导学是指教师根据教学内容和教育对象的实际情况，联系新旧知识，设计多角度（多维）的问题情境，引导学生主动思考，建构知识框架，明确实验要求。具体从以下三个环节来落实：

第一步：设计多角度（多维）的问题情境。教师可从实验的现象、问题串、学生的生活实际来引导学生，并提供丰富的背景知识，鼓励学生采用提出问题、查找资料等方式，主动建构实验的知识结构，为下一步制订详细的探究方案打下基础。

第二步：罗列不同层次的探究主题（内容立体化）。教师可运用头脑风暴或思维导图等方式，鼓励学生发散思维，针对探究主题寻找更多的解决方法，并根据生活经验或个性特长等将自己或小组认为最有价值的问题作为自己或小组的探究主题。

第三步：按照科学探究的步骤设计方案。学生利用学案、资料、教师制作的网站等丰富的资源，特别是利用虚拟实验室，通过小组讨论、模拟实验、自主学习等环节，以个人或小组为单位完善实验方案。教师可通过前置备课，针对学生存在的困难实施有针对性的巡堂指导，借助QQ或同屏软件等及时上传学生的优秀方案，及时肯定学生的成绩，并通过典型案例分析引导学生进一步完善方案，解决学生方案中的疑难问题。

（2）立体探究。立体探究是本教学模式基本环节的核心所在，《美国国家科学教育标准》中提出："探究是学生在学习情境中通过观察、阅读，发现问题，搜集数据，形成解释，获得答案并进行交流、检验的一种有效的学习活动。"所谓立体探究，就是在一个立体的探究环境中，让学生针对探究的问题充分发散思维，通过模拟探究、设计方案和自主探究，使学生善于发现新问题并能从新的观点、新的角度寻找新的解决问题的方法，从而促进学生思维发展，培养学生的创新能力和实践能力。这个环节包括以下三个方面的内涵：

第一，探究方式的立体化。教师在教学中不提供书本的实验条件，而是引导学生发散思维，创新设计实验装置或实验方法，想方设法完成实验。

第二，探究主题的立体化。学生可自主选择不同层次的探究主题来探究。

第三，探究主体的立体化。探究的主体既包括学生也包括教师，我们强调以教师为主导、以学生小组为主体的探究共同体，倡导师生之间、生生之间的互动探究。这里有两个重要环节：

第一步，前置备课。教师利用两节课之间的时间进行前置备课。首先，批阅学生的探究方案，其目的是了解学生方案的科学性和可行性，及时对普遍问题和个性问题进行分类指导。其次，可通过培训"小老师"的方式激发学生参与的热情，提高学生的实践能力，加强生生互动。最后，引导学生收集背景资料，结合教师的批阅进一步讨论分析，完善实验方案。

第二步，实施方案。教师引导学生在课前落实实验所需要的器材，上课后各小组按照方案进行操作。教师可实施相应的教学策略：一是实行任务驱动机制下的小组竞争活动，有效组织课堂秩序，对实验纪律、操作规范、创新操作等给予适当的激励；二是启动"小老师"辅助指导机制，结合组长负责制，使不同层次学生在探究活动中都有一定的发展；三是根据前置备课的情况，结合课堂观察对各小组的实验过程进行必要的指导。

（3）评价总结。从整体的角度来看，多维导学和立体探究鼓励学生发散思维，学会从多角度思考问题，培养学生创新意识，而评价总结则发展学生的收敛思维，使学生思维始终集中于同一方向，帮助学生把知识条理化、简明化、逻辑化、规律化。教师可实施以下教学策略：一是注重过程性评价，即评价的立体化、多元化，树立正确的课堂价值理念，多发掘学生的亮点，特别是肯定学生实验的创新之处，激发学生积极的情感，增强学生的信心；二是注重对实验结果的分类分析，帮助学生构建知识框架，训练结构思维、系统思维；三是注重培养学生的综合素养，鼓励不同层次的学生通过小组发言、课堂展示等方式，提高小组合作意识，提高表达能力和实践能力。

（4）质疑创新。有效的评价总结是质疑创新的基础，教师要善于抓住实验过程中的现象和问题，引导学生发现和质疑，并通过建立的思维框架创新解决问题。质疑创新是立体探究模式的根本特征，它是一种有益的思维活动和再学习的方式，它会让学生在认知上产生质的飞跃。质疑意识是人类宝贵的思维品质。新课改非常强调学生的质疑能力，质疑被认为是中学生自身发展和自我成长的核心因素。没有质疑的经验是狭隘的经验，最多只能形成肤浅的认识，只有经过质疑和创新，学生的经验才能上升到一定的高度，并对今后的学习产生深刻的影响，从这个意义上讲，学生的成长来自质疑和创新。立体探究提供给学生的是初次体验，学生从中获得感性的初步认识，质疑创新就是在立体探究的基础上学会思考。真正的质疑创新就是学生在探究过程中发现问题、思考问题、解决问题的一种行为，是学生对知识概念、原理与思维方式的再认知、再创造的过程。

在教学过程中，教师应向全班展示实施方案过程中所发现的问题，引导学生分析实验的细节，引导失败的小组总结出失败的原因。在这个过程中学生可能会发现很多新的问题，产生很多新的想法，并对一些细节提出质疑。教师应做好归类分析，引导学生通过小组学习或课后搜索资源，解决新的质疑。

四个基本环节的基本流程如下（见图4-15）。

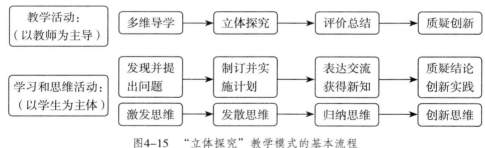

图4-15　"立体探究"教学模式的基本流程

5. 五个成效

五个成效是指"立体探究"教学模式能激发学习动机，提高实践能力，强化合作意识，促进思维发展，升华情感体验。

（1）"立体探究"教学模式能激发学生的学习动机。"立体探究"强调创设一种适度的问题情境，激发学生的兴趣，教师通过建立民主、平等、和谐的关系，有效互动，适当引导学生正确归因，有利于激发学习动机。另外，"立体探究"提高了学生学习的自主性，这也有利于激发学生的学习动机。

（2）"立体探究"教学模式能提高学生的实践能力。通过该模式的培养，学生自主选择实验内容，目的指向明确，提高了设计实验的能力，磨炼了勇于探索的意志。该模式大大增加了学生的动手操作机会，利于实践能力的提高。

（3）"立体探究"教学模式强化了学生的合作意识。在探究实验的过程中，常常需要把学生分成几个小组进行合作与交流，这种小组的形式缩小了学生与学生之间的距离，增加了生生之间互动的机会，即构成"学习互动体"，有利于小组内成员的交流和合作，使学生既善于积极主动地表现自己的意见，敢于说出不同的看法，又善于倾听别人的意见，相互启迪，并能够综合吸收各种不同的观点，共同寻找解决问题的方法。同时，教师在这个过程中要充分起到"引路人"的作用，不仅要指导组内交流，而且要引导组际交流；不仅要交流学习结果，更要重视交流学习方法，从而达到最佳的教学效果。

（4）"立体探究"教学模式促进了学生思悟力的发展。学生通过表达交流，思维得以开阔，通过实践，创新能力得到提高，敢于在课堂上质疑，并提出新的看法，主动思考、解决新出现的问题，即思悟力提高。

（5）"立体探究"教学模式使学生的情感体验得到升华。心理学研究表明，人的情感可以在某种特定场合中被激发出来，这就是所谓的"触景生情"，创设情境能增强学生的情感体验。在探究实验过程中，往往有分工和责任的分担，感觉自己责任重大并完成了自己的责任同样是情感体验升华的一个重要保证。同时，成功实验带给人的愉悦和快乐可以促进情感的升华。

"立体探究"教学模式内涵之间的关系如图4-16所示。

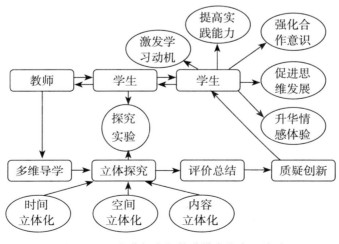

图4-16　"立体探究"教学模式的内涵关系

"立体探究"教学模式的操作指南

【教学准备】

（一）设计学案

"立体探究"是以学案为基础的。布鲁纳曾经说过："最好的动因是学员对所学材料有内在的兴趣。"要激发学生这种内在的动力，需要提供一份让学生感兴趣的学案。结合教材和学生的特点，课题组认为实施"立体探究"教学的学案设计需要思考以下四点。

1. 以学生为中心

学案是否有效最终取决于学生学习后所取得的学习成果。教师需要站在学生的立场来设计学案，以便于学生开展探究活动。

2. 联系生活设计问题

问题是激发学生探索和求知的重要手段，是学案设计的关键环节。问题的设置不仅要有一定的科学性、启发性、趣味性，还要有一定的层次和梯度，循循善诱，层层深入。当学生运用知识解决问题并对其进行理论提升时，学生才能对学习内容产生更深层次的理解，激发创新的意识。

3. 学案设计不等同于实验教学设计

学案只是满足了学生的学习需要，并不能满足实验教学的要求。学案设计能有效地指导学生的实验，但教师需要设计出高质量的课堂教学设计和教案，整体统筹实验教学，这样才能有效提高实验教学的有效性。

4. 及时反思

实验教学实践后，教师应及时收集关于学案的反馈，从学生的反应、听课教师的观察和自己对课堂的回顾等方面进行反思，评价学案与探究活动之间的效益，不断优化学案设计。

（二）设计实验教学网站

探究主题的立体化是"立体探究"教学的特征之一，即主题的多元化和层次化，要解决这些不同类型、不同层次的主题，需要把大量的内容有机地整合在一起，因此，除学案外，还需要一个实施"立体探究"的有效平台——探究实验教学网站。通过多次的课堂实践，课题组总结出设计教学网站的三点内容。

1. 首页的内容

首页可考虑放置标题、主菜单，为了突出教学性，一般不要添加过多的内容。

2. 导航

导航清晰、明确，通过导航，学习者能清楚了解内容结构。在网页中，导航应能链接到上下章节、相关的专栏、相关的知识点。

3. 模块

网络课程可包含以下几个模块：

（1）主题导入：包括课标解读、教学目标、教法和学法指引。主题应清晰地呈现课程的系统结构，提供学习指导和学习导航、配套的学习指南等。

（2）课程学习：基于课标建设，并体现出网络学习的教学设计思想的互动式多媒体教材。

（3）拓展资源：通过搜集整理，把与课程有关的资源集中在一起，并建立超级链接，为学生提供方便、快捷的途径，并可共享网上的学习资源。

（4）学习测评：提供形成性练习、总结性练习、成绩显示和结果分析等。

（5）典型案例：课程应通过充分的实例和演示等来说明、解释主要的课程内容。

（6）互动天地：提供师生交流的平台，通过论坛教师可发布信息或了解学生学习中出现的问题，并给予解答。学生也可以到论坛去提问题与教师、同学探讨和交流。教师可定期发布讨论题，组织学生讨论，实现师生的实时互动（见图4-17）。

图4-17 "立体探究"教学网站模板

【教学策略】

1. 分段教学策略

针对教学的不同阶段，采用不同程度的自主学习，并各有侧重。首先，针对初一上学期的探究实验，实验教学应重点引导学生掌握科学探究基本方法，尤其是对设置对照组和设置重复实验的掌握。这个阶段的实验方案应该以全封闭式为主。其次，到初一下学期以及初二上学期，实验教学应强调实验思路的点拨，强调实验操作的规范性，引导学生学会提出问题，学会完善实验方案。最后，初二下学期，由于学生把握探究实验的能力有了明显提高，这阶段的实验教学以开放式为主，即随着学习的不断深入，不断提高实验方案的自主程度，从全封闭式到半封闭式，再到开放式，体现了实验教学的立体性。

2. 合作学习策略

探究实验教学过程既是一个不断提高学生科学素质的过程，也是培养学生运用科学思维和方法解决问题的能力和提高学生实践能力的过程。我们可以通过个体自主探究、小组合作探究、师生互动、生生互动，在实践和探索中，让学生学会思考、分析、比较、综合、归纳和实践。在探究实验教学中实施合作化学习策略，以学习能力较强的学生带动学习能力较差的学生，在团队合作精神的感染下，让学生学会发现问题和解决问题，树立自主、自信的个性，提高学习效率，使其创新意识和实践能力得以发挥。在实践的过程中，我们按照实验的难度分为两人小组或四人小组，依据每人的特长，每个组员都分配任务。以四人小组（一名组长，一名记录员，两名成员）为例，组长引导和激励所有组员参与活动，确保指定任务都能全部按时完成；记录员记录小组讨论结果，组织组员一起分析实验；两名成员按照不同的内容指定不同的任务，四名组员都参与整个探究实验过程，确保学生能在此过程中得到不同程度的发展。合作原则：各有分工、相互协作、共同探讨。让学生自己选举组长，但告之他们"组长最好具有统领全组"的能力，而其他组员由他们自己在组内协调分工，提倡定期互换职责，使每个人的各方面能力协调发展。

3. 分层教学策略

分层教学就是在教学过程中，针对学生不同的个性特征与心理倾向，不同的知识基础、学习能力与接受能力，设计多层次的教学目标，运用不同的方法进行教学，从而使全体学生都能在原有基础上学有所得：先后达到教学目标的要求。

探究实验分层教学从课堂提问到实践操作，从分组讨论到评价，都充分考虑了学生的个性差异。给每个层次的学生都提供了表现自我、展示自己风采的机会。他们在教师的赞许和同学的肯定中体验成功，在成功中向前发展、递进。在人的发展过程中，由于受到遗传因素、家庭因素及社会环境的影响不同，各人的发展存在着不同的差异，心理学称为"个别差异"，即一个人在学习中所表现出来的较稳定的个体心理的特殊性，这种差别既表现在兴趣、性格、能力等方面，就是在同一方面发展的水平与速度也不相同；即使是同一学生在不同方面的发展的相互关系也存在差异。分层教学策略着眼于人在发展过程中的个别差异，有的放矢、区别对待，以取得好的教育效果。实验课堂教学的各个环节实现最佳排列与组合，对于合理地规划和操作实验教学程序，科学地分配实验时间，全面协调实验活动，在有限的时空内实现教学的最佳组合提供了保障和具有十分重要的意义。

馒头在口腔中的变化

【教学分析】

（一）内容分析

本节课旨在让学生通过探究实验了解唾液里含有的唾液淀粉酶能消化淀粉，并理解馒头的消化主要与唾液有关，也与牙齿的咀嚼和舌头的搅拌有关。一方面，通过查阅网上资料，了解实验的注意事项，让学生在模拟实验后自主分析，设计实验方案；另一方面，引导学生走进实验室，通过亲身实验、自主操作、自主观察，了解实验的实际现象。在实验中进一步了解生活中吃饭的相关常识，达到自我教育的目的，并把自己的实验成果以图片和文档的形式发布。

（二）学情分析

这个探究实验如果按照设疑、提出问题、做出假设、自选实验材料、制订计划，并上升到分析在口腔中做对照实验的不可行性和采用模拟实验的必要性以及多个变量的综合或拆分，然后再实施计划、得出结论、表达和交流的这种模式来做，在一节课中基本不可能完成。如果按照验证性实验来上，只需看到结果、得出结论，则变成传统的实验教学，不能激发学生的兴趣。

为了突出"以学生发展为本"的教学理念，经过Intel未来教育的教学整合，本节内容分两个课时完成，第一课时整合信息技术进行模拟探究，第二课时进行实验。具体安排如下：

第一课时：网络自主学习、模拟探究、设计探究方案、规范部分操作。

第二课时：自主实践探究、进一步探究、知识拓展延伸

从教学效果方面看，这样的整合不但使学生的探究内容更深入，而且保证了学生动手实验的时间。长此以往，学生的动手能力和思维能力必定能够得到长足的发展。

（三）问题分析

关于"馒头在口腔中的变化"的框架问题包括以下几个方面。

1. 基本问题

馒头变甜与什么有关？

2. 单元问题

（1）人体的结构、生理及卫生是怎样的？

（2）人体的结构、生理与人类生活和环境的关系如何？

（3）人类活动对环境有哪些影响？

3. 内容问题

（1）馒头变甜与牙齿的咀嚼有关吗？

（2）馒头变甜与舌头的搅拌有关吗？

（3）馒头变甜与牙齿的咀嚼和舌头的搅拌有关吗？

（4）馒头变甜与唾液的分泌有关吗？

（5）馒头变甜与牙齿的咀嚼、舌头的搅拌和唾液的分泌有关吗？

【教学目标】

1. 知识与技能

（1）通过探究实验使学生了解食物中的淀粉在口腔中发生了变化，并将知识与生活相结合。

（2）培养学生学会设计探究实验来检验自己的假设。

（3）培养学生仔细观察、善于思考、动手实践、与人合作的能力。

2. 过程与方法

（1）通过探究实验使学生知道淀粉在口腔中发生变化与牙齿的咀嚼、舌头的搅拌以及唾液的分泌都有关。

（2）通过控制变量法使学生学会做对照实验。

3. 情感、态度、价值观

（1）学会体验和领悟科学的思想观念、科学研究事物的方法，同时获取新知识。

（2）在探究实验过程中得到成功的体验，增强对学科的兴趣和自信心。

【教学准备】

教师：教学网站、学案、模拟探究所用的互动Flash、教学课件、相关实验器材。

学生：预习学案和相关器材的操作，体验细细咀嚼馒头的感觉，上网查找相关资料。

【教学过程】

第一课时（上课地点：多媒体电脑室）

（一）教学目标

（1）通过情境引导学生自主搜索网页，获得探究的相关知识，了解实验操作规范。

（2）通过模拟实验引导学生自主设计探究方案。

（3）培养学生善于思考、与人合作的能力，增强对生物学习的兴趣和自信心。

（二）教学重难点

（1）学生所设计探究方案的科学性和可行性。

（2）实验操作的规范性。

（三）针对教学难点实施的措施

（1）制作交互性强的Flash课件，模拟实验，使学生对探究获得初步的认识。

（2）通过网页提供大量的知识，帮助学生设计探究方案。

（3）利用学生自主学习的时间，教师巡视指导，并点评1～2份典型的方案。

（四）教学内容

1. 情境引入

（1）创设情境，激发学生兴趣。

中国的饮食文化源远流长，且名满天下。单单是馒头，就可以做出上百个品种！例如我手上的这个馒头（展示馒头），又白又胖，很可爱！如果加点蜜糖（实际是碘液），就变成蜜糖馒头了。（滴碘液）咦，馒头怎么变蓝了？（激发思维）

（2）诱导质疑，引出探究主题。

上个星期，老师叫同学们回家吃无糖馒头时要细细咀嚼，有什么味道？（馒头变甜了）

馒头为什么变甜了？要回答这个问题，我们想一想，馒头变甜与什么有

关？馒头在口腔中会经历哪些结构与物质？馒头变甜与这些结构和物质有关吗？（教师步步设疑，引导学生思考并回答）

2. 问题提出

（1）结合体验，确定探究的问题。

这一节课，我们就通过网络来获取相关的知识，设计方案，并在下一节课完成实践探索。在此之前，我们需要确定探究的问题，请同学们小组讨论一下，馒头变甜与什么有关？并把问题写在学案上，时间为一分钟。有创意的问题教师会加分。

（2）引导思考，明确采用模拟实验的必要性。

在口腔中做探究实验不易观察，不能控制，因此必须进行模拟实验。

3. 模拟探究、浏览网站，完成探究方案

（1）示范操作，明确任务。

打开学习支架一"馒头在口腔中的变化"主题网站，教师示范进入网页学习，然后让学生完成网络虚拟探究，初步体验后，在学案上写下自己的探究方案，并浏览网站其他内容，完善探究方案。

（2）合作探讨，确定探究主题。

① 小组确定探究主题，填写在学案上。

② 分工，明确职责。

（3）教师巡视记录学生的探究主题，学生浏览网站，进行主题学习，完成学习支架二"馒头在口腔中的变化"学案。

① 进入"虚拟实验室"，完成网络虚拟探究。

② 浏览网站，搜集探究所需资料。

③ 设计探究方案，填写在学案上。

4. 点评方案，规范操作，完善方案

（1）展示典型方案，即学习支架三，提示按探究的问题进行变量的控制，注意对照的等量设置。

教师的PowerPoint示例如图4-18所示。

"馒头在口腔中的变化"实验总结

| 实验设计 | 实验结果 | 实验分析 |

实验设计　　　　　实验结果　　　　　实验分析

1号试管加入馒头碎屑和2毫升唾液，搅拌混合，37℃恒温8分钟后加入2滴碘

2号试管加入馒头碎屑和2毫升清水，搅拌混合，37℃恒温8分钟后加入2滴碘

3号试管加入馒头块和2毫升唾液，不搅拌，37℃恒温8分钟后加入2滴碘

唾液中含有唾液淀粉酶，能消化淀粉，因此1号试管不变蓝，2号试管淀粉不能被清水消化，遇碘变蓝，而3号试管淀粉未能与唾液充分混合，只部分消化，因此部分变蓝。

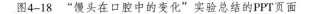

图4-18 "馒头在口腔中的变化"实验总结的PPT页面

（2）规范部分操作，为下节课的实验奠定基础。

① 温度计的使用和读数和胶头滴管的使用。

② 两支试管的馒头要一样多吗？多少适宜？

③ 水浴加热时是否先放一支试管，再放另一支试管？加热多久？

④ 水浴加热温度是多少？为什么？如何保持温度不变？

⑤ 学生完善探究方案。

5. 总结

这节课，同学们认真浏览网站，完成方案的设计，并在交流中发现了新的问题，希望大家保持探究和创新的精神，在下一节实验课中取得成功。

6. 布置下节课的任务

（1）在课间领取器材，摆放整齐。（10分）

（2）动手探究，实施方案，观察现象，如实记录在表格里，并把实验结果照相，然后得出结论。（60分）

相片统一在公共邮箱下载。

（3）探究过程中如有新的疑问，及时与教师探讨，并写在学案的"进一步探究"处。（加10分）

（4）完成第二次探究的小组，可以是新的探究，也可以是因第一次没有成功而重做。（10分）

（5）实验后，清洁桌面和器材，摆回凳子。（20分）

（6）课后，有相片的小组下载整理后，写上姓名、班别，连同结论一起做成Word文档或Powerpoint文件等形式上传。（加10分）

（第一课时结束）

第二课时（上课地点：生物实验室）

（一）教学目标

（1）通过探究实验使学生理解馒头变甜与牙齿的咀嚼、舌头的搅拌和唾液的分泌都有关。

（2）通过进一步探究使不同层次的学生有不同的收获，并了解相关的生活常识。

（3）培养学生善于思考、动手实践、与人合作、分析归纳的能力，增强对生物学习的兴趣和自信心。

（二）教学重难点

（1）学生探究实验的科学性和规范性。

（2）学生分析实验现象得出结论。

（三）针对教学难点实施的措施

（1）设置激励性措施（加分，拍照）。

（2）加强个别辅导，尤其是方案的科学性指导。

（四）教学内容

1. 第一次探究

上一节课我们已经完成了探究方案的设计，并进行了网络虚拟探究，对这个实验有了初步的了解。我们常说，实践出真知！这节课，同学们就按照自己设计的方案大胆去实践！

（1）用标签给试管编号。

（2）点齐自己所需的器材。

（3）自主探究，把结论写在学案上。

（学生根据自己所设的问题和方案进行探究，教师巡视指导，并给学生的实验结果拍照）

2. 小结交流

（1）观察现象，分析后得出结论。

（2）展示实验情况，总结规律，完成学习支架二。

一般情况下，1号管颜色最浅，是因为淀粉基本上都分解了，2号管颜色最深，因为淀粉没分解，而3号管颜色居中，因为只有部分淀粉分解。所以，我们可以得出——（展示课件）。

馒头在口腔中的变化和牙齿的咀嚼、舌头的搅拌以及唾液的分泌都有关。其中，起决定作用的是（_____），起辅助作用的是（_____）。

生：唾液、牙齿和舌头。

3. 进一步探究

（1）质疑结论，创新设计或对设计存在问题提出解决方案。

① 常见的创新设计方案有"馒头变甜与唾液的温度有关吗？""馒头变甜与唾液的浓度有关吗？"等。

② 常见的操作问题有"试管中馒头块没有完全浸在唾液或清水中""两个试管中的液体量不同""馒头块和馒头屑的量存在很大差别""加入碘液的量太多""两个试管没有事先做标记，容易混淆"等。

（2）进一步实施探究实验。

教师巡视指导，并给学生的实验结果拍照。

4. 归纳评价

（1）我们一起来看看这两组实验出现了什么现象？同学们得出了什么结论？并从中获得了什么生活启示？

（2）总结这节课同学们所做的实验，我们可以获得一些生活常识。

① 吃饭要细嚼慢咽。

② 不要边吃饭边喝饮料酒水。

③ 饭凉了要加热再吃。

5. 总结

这节课的探究就到此为止了，但科学的探究是无穷无尽的，只要你有新的想法并设计了相应的方案，你就可以向教师申请做实验，探索其中的奥秘！

最后，请同学们按投影的提示完成这个实验。

（1）清洗实验器材，清洁桌面。

（2）请将固体废弃物扔进垃圾桶。

（3）有秩序地归还实验器材。

（4）填写实验登记表，在学案上给你的同桌一个评价。（ABCD）

（5）课后认真填写学案，明早交科代表。

（6）课后各小组到公共邮箱下载相片，整理后上传。

（第二课时结束）

生物进化的原因

【教学分析】

1. 内容分析

《生物进化的原因》是人教版《生物学》八年级下册第七单元第三章第三节的重点内容，《义务教育生物学课程标准（2011年版）》对本节的要求是"分析生物进化的原因，概述自然选择学说"，前者是"应用水平"的要求，后者是"理解水平"的要求。如果直接说出生物进化的原因是以遗传因素为基础，由环境因素决定，是不可能帮助学生达到这两个学习目标的。

本节的重要概念是"生物的遗传变异和环境因素的共同作用导致了生物的进化"，是明显的因果关系式概念，可通过推理的方法把知识点联系起来，并通过模拟实验进一步验证。

2. 学情分析

通过前面的学习，学生已经知道了生物具有遗传和变异的特征，知道生物的变异是普遍存在的，通过上一节的学习还知道生物在不断进化，并且是按照从简单到复杂、由低等到高等、由水生到陆生的规律在进化，这些都是学生已有的知识基础。

从能力上来看，通过之前的技能训练，学生分析资料的水平已有一定的提高，但由于自身的知识储备不足，加上课本的内容并不够全面，学生在逻辑推理上往往会有一定的障碍。因此，本课的教学需要提供充分的背景资料。

【教学目标】

1. 知识目标

分析生物进化的原因，概述自然选择学说。

2. 能力目标

通过资料分析，理解所学的知识要点，把握重要概念间的联系；通过模拟探究，对问题进行解释、推理，做出合理的判断或得出正确的结论。

3. 情感目标

形成生物进化的观点，认同环保的重要性。

【教学策略】

只有分析了生物进化的原因，才能得出"自然选择学说"，先分析原因再得出结果，遵循了科学研究的逻辑顺序，也符合循序渐进的认识规律。

本节课的知识点较多，且都有相关的资料。例如，生物的遗传变异，环境因素对生物的影响，教材介绍了桦尺蛾体色变化的实例，自然选择学说，教材介绍了长颈鹿长颈的形成原因实例，这些都属于概念性知识，比较抽象，因此，教师应创设有利于探究性学习的情境，让学生通过资料分析自主建构概念，这样理解会更透彻。再者，本节的概念之间还有一定的逻辑关系，因此，概念教学的思路是实例分析→得出概念→运用概念→形成概念。

关于保护色这一概念，教材介绍了"模拟保护色的形成过程"这一模拟实验，有助于学生理解"生物的遗传变异和环境因素的共同作用导致了生物的进化"，学生理解了这一概念，意味着能够利用这一概念解释长颈鹿长颈的形成原因，继而理解自然选择学说。在实际操作中，该实验花费的时间较多，主观判断对结果的影响较大，因此教师可利用信息技术将模拟实验简化、优化，更具操作性，帮助学生解决这一难点。

【教学过程】

"生物进化的原因"教学过程见表4-10。

表4-10 "生物进化的原因"教学过程

教学环节	教师活动	学生活动	设计意图
引入	通过"穿越"回古代的情景展示始祖鸟、始祖象和萨摩（长颈鹿的祖先）的图片，引出问题：长颈鹿祖先的颈并不长，现在的长颈鹿的颈却很长，这是什么原因？提出课题：推动生物进化的原因是什么？	根据自身的知识对图片进行分析，然后回答问题	激发学生兴趣

教学环节		教师活动	学生活动	设计意图
新课	一、桦尺蛾体色变化的实例	提供资料并引导学生思考问题： 1. 桦尺蛾的体色有深色的、有浅色的，这是生物的什么现象？ 2. 100年的时间，曼彻斯特地区的环境发生了什么变化？ 3. 刚开始时，什么体色的桦尺蛾多？为什么？后来呢？	阅读课本，回答问题： 1. 这是生物的变异。 2. 工业污染严重。 3. 刚开始时，浅色桦尺蛾多，可能是长满地衣的树干使它不易被天敌发现，后为深色的桦尺蛾多	创设情境让学生通过资料分析自主建构概念，帮助学生在之前知识的基础上建立新的认识。同时，培养学生获取分析和信息的能力
		提供资料（用进废退的例子和麦克·马杰鲁斯的例子），帮助学生排除前概念的干扰	分析资料并回答：用进废退的例子说明环境不能改变桦尺蛾的体色，麦克·马杰鲁斯的例子说明桦尺蛾与环境相似的体色起到了保护的作用	创设问题情境解决前概念对正确概念的干扰，深化对概念的理解
		引导学生得出保护色的概念	明确保护色的概念	明确概念
	二、模拟保护色的形成过程	提出问题：重复麦克·马杰鲁斯的例子比较难，但可以设法进行模拟。 打开IE上的"虚拟实验室"，介绍实验的环境（模拟树皮）、实验对象（四种体色的桦尺蛾）以及学生扮演的角色（捕食者——鸟类），说明使用的方法。 指导学生阅读课本，并分组讨论模拟实验中需要注意的问题，在网站上完成模拟实验	1. 以4人小组为单位，小组长组织讨论，根据学案上资料2提供的信息，对实验做出假设。 2. 完成学案中"模拟探究"的①②③④，并讨论实验中需要注意的问题。（参考课本第60页） 3. 小组各组员所选的环境颜色要统一，其他条件不限	通过分组讨论培养合作精神。通过任务驱动式的自主学习和网络虚拟探究，提高学习的实际效果，加深对重要概念的理解
		指导学生完成模拟实验，引导学生得出结论	分析自己和小组的实验结果，并在全班交流自己的结论	通过对实验结果的分析，培养学生的综合应用和表达能力

191

续 表

教学环节		教师活动	学生活动	设计意图
新课	三、长颈鹿长颈的形成原因	提供资料，引导学生思考： 1. 一只雌长颈鹿一生能产仔10只，每只能活25岁，假设它们都能繁殖，那么到200年以后，一对长颈鹿的后代一共有多少只？这说明了什么？ 2. 如果没有天敌，这些长颈鹿能继续无限繁殖下去吗？请说明理由。 3. 古代的长颈鹿有颈长的和颈短的，颈的长短可以遗传。古代的长颈鹿以草为食，也吃植物的嫩叶，请你想一想，若环境改变，如缺乏青草时，哪些长颈鹿更容易生存下来？哪一些容易被淘汰	分析资料并回答： 1. 200年以后，这对长颈鹿的后代超过1亿只。这说明生物的繁殖能力非常强。 2. 不能，因为食物和生存空间等都是非常有限的。 3. 颈长的长颈鹿更容易生存下来，因为能够吃到高处的树叶，获得更多的食物	通过对有针对性的问题进行探讨，循序渐进地引入"自然选择"的内容，深化对此概念的理解
		用示意图、选词填空等多种形式帮助学生理解"自然选择"	阅读课本并填空，厘清自然选择的四个主要内容	进行多形式的学习活动，有利于理解概念
小结		引导学生用概念图的形式把知识关联起来，并用填空的形式帮助学生理解	联系前后知识，填空	构建知识结构网络，形成生物进化的观点

"立体探究"在初中生物
探究实验课堂的具体应用

人教版《生物学》七年级下册第四单元第二章《人体的营养》第二节《消化和吸收》（2课时）中有一个探究实验"馒头在口腔中的变化"，传统的教学设计一般为第一课时做实验，第二课时完成其他知识的学习。本实验的重点是技能训练和科学思维的培养，难点是实验方案的设计，如果在一个课时内按教材要求完成这个探究方案的制定和讨论完善，再执行方案得出结论，是较难实现此重点的，更不必说难点的突破。如果采用"立体探究"教学模式，通过"多维导学→立体探究→评价总结→质疑创新"的教学环节，能有效地完成探究活动。下面，我们以此探究实验为例，继续说说"立体探究"教学模式在初中生物实验教学中的具体应用。

在课时和上课地点的设置上，做出以下安排（时间、空间立体化）（见表4–11）。

表4–11 "立体探究"课时和上课地点安排

课时和地点	时间	内容安排
第一课时在多媒体电脑室	第一阶段20分钟	确定探究主题
	第二阶段20分钟	设计实验方案
第二课时在生物学实验室	第三阶段20分钟	实施方案
	第四阶段20分钟	授课和总结

第一环节：多维导学

多维导学是从多个角度创设教学情境或者是设计不同层次的问题情境。教师依据教学目标，结合教学内容和学生的实际情况，引导学生联系生活，主动建构自己的知识框架，我们继续实施此环节的三个步骤：

第一步：创设多维的教学情境。在课堂教学中，教师先是在馒头上滴加碘液使馒头变蓝吸引学生的注意，再用一个演示实验视频引导学生思考为什么碎馒头放进试管溶液后不再变蓝？引导学生从多个角度思考问题。然后从学生的实际体验出发，提问学生"细细咀嚼馒头后有什么感觉？甜味的来源是什么物质？这一物质如何检验？"再举例说明模拟实验的必要性，强调单一变量的设置，让学生主动建构本节实验的知识结构（见表4-12）。

表4-12　本节实验的知识结构和技能要求

知识结构	1. 淀粉是馒头的主要成分，淀粉没有甜味，淀粉遇碘变蓝。 2. 淀粉分解后形成的麦芽糖有甜味，麦芽糖遇碘不变蓝
技能要求	1. 模拟实验的操作。 2. 控制变量法设计对照实验。 3. 水浴加热的操作

第二步：确定多层次的探究主题（内容立体化）。这个环节，我们通过头脑风暴或思维导图的形式，引导学生发散思维，分析馒头变甜的原因，确定小组的研究主题（见图4-19）。

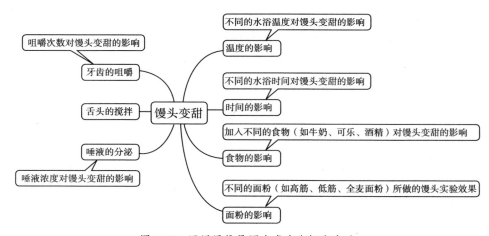

图4-19　运用思维导图生成多个探究实验

教师做好相应的辅导，充分考虑探究主题的科学性和可操作性，侧重生活应用，按照由易及难的梯度设置探究的层次（在第一课时后进行，便于第二课时的实验评价），具体见表4-13。

表4-13　"馒头在口腔中的变化"系列主题

序号	探究主题	探究层次
1	馒头变甜与牙齿的咀嚼有关吗？	基础
2	馒头变甜与舌头的搅拌有关吗？	基础
3	馒头变甜与唾液的分泌有关吗？	基础
4	馒头变甜与牙齿的咀嚼和舌头的搅拌有关吗？	拓展
5	馒头变甜与唾液的浓度有关吗？	拓展
6	馒头变甜与水浴的温度有关吗？	拓展
7	牛奶（或可乐、酒精）对淀粉的分解有影响吗？	拓展
……	……	……

第三步：设计和完善探究方案。在设计方案方面，教师要提供足够的背景资料和教学资源。学生可利用教师提供的教学资源或制作的网站，通过资料分析或虚拟实验室模拟操作，重点明确一些实验的关键步骤，如唾液的收集方法、恒温水浴的方法等。

第二环节：立体探究

立体探究是整个模式的中心环节，包括三个方面的内涵。

1. 探究方式的立体化

为了培养学生的创新能力，教师不提供恒温水浴箱，学生可用各种方法来完成实验。有学生提出用自身体温来加热，有学生提出用酒精灯加热，也有学生提出用不断加热水的方法。

2. 探究主题的立体化

学生可自主选择表4-13按层次设置的探究主题来探究。

3. 探究主体的立体化

这里的教学与之前的类似，第一步是教师充分利用两个0.5课时之间的时间前置备课，了解学生实验方案的科学性和创新性；第二步是学生做好实验的准备，包括器具的准备以及实验材料的准备，如提前准备好实验所需的唾液、切碎馒头、往试管中加入溶液、准备37℃的恒温水浴、计时、观察等。

第三环节：评价总结

教师安排各小组的发言人上台交流小组的结论，引导学生得出馒头变甜的关键因素在唾液，辅助因素是牙齿的咀嚼和舌头的搅拌，并由此体会到吃饭时要细嚼慢咽，吃饭时不要大量喝水等。然后，教师和全体学生一起比较各种加热方法的优缺点，训练学生的科学思维，进行下一步的创新尝试。

第四环节：质疑创新

在对实验做出评价和总结出规律性的知识后，教师应引导失败的小组继续总结实验现象不理想的原因，如水浴时间可能不够长、水浴温度有偏差、唾液与碎屑可能混合不够充分等。在这个过程中学生产生了很多新的想法，体现出一定的创新性，如有学生提到水浴温度过高或过低会有什么不同的结果，唾液的浓度对实验会不会有影响，等等。

本节课合理运用模块化时间设计教学，充分体现出"立体探究"教学模式时间立体化、空间立体化和内容立体化的特征，整个教学过程，学生主动参与、积极探究，体现了学生的主体地位，有效激发了学生学习的兴趣，取得了不错的效果。

"酒精对水蚤心率的影响"探究实验教学设计和教学反思

【教学分析】

1. 内容分析

探究"酒精或烟草浸出液对水蚤心率的影响"的实验是《选择健康的生活方式》这节课中较为重要的一个教学环节的内容。本节内容通过引导学生探究"酒精或烟草浸出液对水蚤心率的影响"的实验，认识酒精或烟草对水蚤心率的影响，进而认识到酗酒和吸烟对人体的危害及选择健康生活方式的重要性。通过探究"酒精或烟草浸出液对水蚤心率的影响"的实验，训练学生思维，巩固和培养学生设计探究活动的能力。

2. 学情分析

《生物学》七年级上册的第一个实验就是探究性实验，所以学生对科学探究的一般过程已有了初步的掌握，能够套用提出问题、做出假设、制订计划、实施计划、得出结论、表达交流六大步骤。但由于学生亲自动手实施的探究性实验数量很有限，平时学生不是经常使用显微镜，实验时水蚤心跳很快，肉眼观测计算心跳，难度比较大，容易导致计数不准确和时间延误；又因是活体观察，水蚤比较活跃，影响观察，也影响心率计算，所以需要充分引导，并在实验某些环节适当降低难度。考虑到以上种种原因，在本节实验课的安排上，需提前配置0.2%、4%、8%、11%、16%、20%、25%七种浓度的酒精，把"烟草浸出液对水蚤心率的影响"的实验安排为拓展内容，不在课堂上完成。在实验分组上，也要充分考虑到动手能力强的学生与动手能力较弱的学生搭配，让勤于思考的学生带动其他同学，使每一个人都大胆动手、细心操作、勤于思考、敢于质疑、相互交流，积极参与到整个探究活动中，使各类学生都能有所收获、提高和发展。

【教学目标】

1. 生命观念

（1）认识酒精对人体的危害。

（2）掌握心率的概念；会识别水蚤的心跳，掌握测定水蚤心率的方法。

2. 科学探究和科学思维

（1）巩固科学探究的一般方法，模仿控制实验变量和设计对照实验。

（2）训练学生观察分析、讨论交流、创新等技能。

3. 社会责任

（1）通过小组活动，培养学生团结协作的意识。

（2）养成珍爱生命的情感态度。

（3）通过实验，使学生认同选择健康的生活方式的重要性。

【教学准备】

1. 探究实验用品

活水蚤、蒸馏水、体积分数为95%的酒精、吸管、载玻片、显微镜、计时器。（为了降低实验难度、节省课堂时间，教师课前要与各小组的组长一起提前配制体积分数分别为0.2%、4%、8%、11%、16%、20%、25%的酒精溶液。）

2. 其他素材

纸和笔（打点），水蚤及其心率实验的图片资料或视频资料。

3. 实验准备方案

（1）实验共分四大组，每一竖排的七张桌子为一大组，每一大组设一个组长。

（2）每一张桌子上摆的器具为活水蚤一烧杯（数量2～3只，尽可能多）、吸管一支、蒸馏水一滴瓶、载玻片一张、显微镜一个、计时器一个、吸水纸2张、酒精溶液一滴瓶（从竖排的第一张桌子按从前到后的顺序依次为0.2%、4%、8%、11%、16%、20%、25%的体积分数的酒精）。

【教学过程】

"酒精对水蚤心率的影响"教学过程见表4–14。

表4–14 "酒精对水蚤心率的影响"教学过程

教学内容	教师活动	学生活动	设计意图
导入新课	故事引入（3分钟）：水蚤国国王离奇暴毙，水蚤国国民议论纷纷。D.I.E.的古灵精探于子朗奉命调查此案，通过感应，他感应到"酒精"这一物品。法医检查的结果是水蚤国国王因心脏衰竭而死！这是怎么回事呢？	学生的兴趣一下子就被激发起来了，好奇心使他们集中注意力，跃跃欲试	从《古灵精探》这一当时热播的电视剧着手，创设一个有趣的故事情节，让学生觉得既新鲜又熟悉，先调动学生的思维
提出问题	从案件中我们知道了两个关键词：一个是"酒精"，另一个是"水蚤国国王的心脏"，因此，破案的关键就在于（投影）——酒精对水蚤心率的影响	注意到"酒精"和"水蚤国国王的心脏"两个关键词，通过联系提出问题：酒精对水蚤心率有影响吗？	引出本节实验课的课题，并开展教学活动
	从问题中我们可以得知，实验的观察对象是——水蚤心脏。请看投影，水蚤心脏位于水蚤身体背面上方，呈白色	观看投影，认识水蚤心脏的位置	明确实验的对象
做出假设	提问并让学生说说假设的根据	生1：酒精会加快水蚤的心率。生2：我觉得酒精会抑制水蚤的心率	让学生辩证地看待问题，鼓励学生从不同的角度去解决问题

教学内容	教师活动	学生活动	设计意图
	分组（在前一节课完成），然后解决以下操作方面的问题 1. 用什么方法来说明酒精会影响水蚤心率？ 2. 用多少只水蚤做实验较合适？为什么？ 3. 观察时如果水蚤乱动或游来游去怎么办？ 4. 怎样减小实验误差？ 5. 水蚤一分钟的心率很快，有些会达到三百多次，怎样数水蚤的心率？ 6. 滴加酒精前，要把载玻片上原来的水吸走吗？ 7. 滴多少酒精适宜呢？如果酒精过多要不要吸走一些呢？	学生思考后解答，并填写学习单。（难度较大的地方需要教师引导）	制订计划是最关键的一步，由于实验难度较大，这里教师采用了提问题的方式来引导学生解决实验过程中可能会遇到的一些问题
制订 计划	利用学习单的方式，让学生填写相关实验步骤。 1. 调整显微镜，对光。 2. 用_____吸取一只水蚤放在____上，滴入1~2滴蒸馏水，静待20秒，然后用____把多余的水吸走，吸至水蚤不乱动为止，但不要把水全部吸走（很重要），在显微镜下观察水蚤心脏跳动次数，用打点法计算10秒内心率，并记录在下表。重复两次，算出平均值。 3. 将多余的水分吸干（如果不吸干会影响_____），迅速滴入_____%体积分数的酒精溶液1~2滴，静待20秒，然后把多余的_____吸走，直至水蚤不乱动为止，同样不要把酒精溶液全部吸走，在显微镜下观察对水蚤心率的影响，用打点法计算10秒内心率，并记录在下表。重复两次，算出平均值	解答问题，填写学习单。了解实验的步骤	同样，为了保证实验的有效进行，这里利用了学习单的方法来让学生掌握实验的步骤。填空的方式能引发学生的思考，与以前让学生写出全部步骤的方式相比，难度有所下降，而且显得没那么烦琐，简洁明了，要点突出

续表

教学内容		教师活动	学生活动	设计意图
	制定计划	最后通过一个视频展示实验操作的全过程	观看视频,熟悉实验步骤	巩固操作步骤,并让学生注意观察水蚤心脏的部位和打点法的应用
	实施计划	提醒学生限时操作,注意学生能力差异,可让提前完成的学生多做一种酒精浓度对水蚤心率的影响的实验	学生实验	提高实验操作能力
	得出结论	引导学生讨论	学生根据实验数据先进行两人小组讨论,得出小组结论后再进行大组讨论	从数据中找结论,从数据中找问题
	表达交流	1. 请大组长汇报交流的结果。 2. 引导学生分析七个大组的数据,并用柱状统计图直观显示出来。 3. 注意不同酒精浓度对水蚤心率的不同影响。 4. 引导学生认同误差的产生	大组长就讨论所得内容和全班交流。分析全班数据,得出更深层的结论。认识低浓度酒精对心率的促进作用	提升口头表达能力。观察柱状统计图,提升数据分析能力。了解浓度越高,酒精对心率的抑制作用越明显。培养学生科学的实验态度
	总结	归纳酒精对水蚤心率影响的相关知识,提醒酗酒的危害,回应开头的故事情节,利用已经掌握的知识,解决相关问题	回答问题	现学现用,加深对酗酒伤身的认识,认同选择健康的生活方式的重要性

【教学反思】

这是初中阶段最后一节探究实验课,因此,教师要以思悟、探究、实践为核心组织教学。如何让学生认真探究、亲身实践?我所设计的这节课的基本策略是:

(1)创设一个学生熟悉而又新颖的故事情节,激发学生探究的兴趣。

(2)学生提出问题,并对所提出的问题做出假设,然后制订可行的设计方案。

（3）方案的实施。各小组对设计方案进行分析或实验，对学生进行思维训练，然后小组得出结论。

（4）师生共同对各小组结论进行分析，最后探究出结果。

在整个探究过程中，鼓励学生发现问题、提出问题。但对于整个探究过程选题要量力而行，做到小而实，一定是先发散思维，后归纳思维。

本节课有以下四个特点。

1. 创设情境激发学生兴趣（激趣启思）

实验课的引入是以一个学生熟悉的电视剧人物作为切入点，易激发学生兴趣。

2. 善于采用启发式组织教学（释疑导悟）

在实验前，教师总是让学生自己来解决问题，教师所提出的问题也很明确，培养了学生的科学思维能力。科学的思维能力是科学素质的重要方面，当学生对某个问题产生兴趣时，就会围绕着这个问题积极地思考起来。

3. 充分体现新课程的教学理念

本节课一个明显的特点是，变以往教师为主体的教学模式为以学生为主体、教师进行引领的模式。这样以探究、实践为核心，完全摒弃了教师的讲解与分析，将学生推到了课堂主人的地位，能够充分发挥学生学习的积极性、主动性，开发学生学习生物的潜能，提高学生的学习能力，从而有效地培养学生的创新精神和实践能力。

4. 培养了学生主动参与、合作学习的精神（融情促行）

在课堂中，学生积极思考，踊跃发言，在实验过程中，学生互相帮助，充分发挥了集体的优势，对于有一定难度的思考题，学生们能做到在小组中进行讨论，体现出集体的力量。

总体来说，本节课基本完成了教学设计中的教学任务，重点突出，难点层层突破，培养了学生的动手能力、思维能力和合作学习的意识。

附：

"酒精对水蚤心率的影响"学案

一、教学目标

（1）了解不同浓度的酒精对水蚤心率的影响。

（2）掌握科学探究的一般方法，模仿控制实验变量和设计对照实验。

二、教学重难点

（1）重点：探究实验的设计，并完成一份完整的探究实验报告。

（2）难点：如何设置对照实验？如何在显微镜下找到水蚤的心脏的位置？如何测量水蚤的心率？

三、教学策略

问题1：用什么方法来说明酒精会影响水蚤心率？选取什么浓度的酒精做实验会比较合适？

问题分析：该问题重在让学生在设计探究实验时关注设置对照实验的原则，同时关注生活上一些与酒有关的知识，既联系生活，又注重实际。

解决办法：把水蚤放入_____和_____两种不同的溶液中，观察水蚤心率的变化。选择酒精的浓度可参考以下资料。

参考资料：

各种酒的酒度

酒度的定义是指酒中纯乙醇（酒精）所含的容量百分比。例如，某酒100毫升中纯乙醇含量为10毫升，这种酒的酒度就是10°，但含量是随温度高低有所增减的，我国规定是在温度20℃时检测。也就是20℃时，100毫升酒中纯乙醇含量有多少毫升，为该酒的酒度。

啤酒：市售11°～12°的啤酒，是指其原麦芽汁的糖度为11°～12°，不是酒度。啤酒的酒度一般为4°，即在20℃时，其酒精体积分数约为4%（下同）。

葡萄酒：像长城干白及干红葡萄酒，其酒度一般为11°，有一些低酒度的葡萄酒很受女性欢迎，其酒度为8°。

黄酒：以绍兴酒为代表，酒度一般为16°。

米酒：日本人常喝的清酒就是一种米酒，酒酿也是米酒。酒度一般在14°～16°，有些米酒可达25°。

白兰地：水果酒，一般是白葡萄酒，以干邑为代表，酒度一般在38°～43°。

白酒：以茅台和五粮液为代表，酒度一般超过50°，也有一些低度白酒在38°左右。

问题2：水蚤的心率很快，每分钟的跳动次数超过180次，有些会达到350

次，怎样数水蚤的心率？

问题分析：每分钟的心跳次数很多，如果要数满一分钟的话，误差较大。

解决办法：创设一个探讨问题的情境，加以分析。

例题： 在讨论如何在显微镜下测量水蚤的心率方面，小张和小明有不同的看法。

小张认为：心率是指单位时间内心脏搏动的次数，一般指每分钟的心跳次数。因此应该认真地数一分钟的时间内水蚤的心跳次数，这样更准确。

小明认为：由于水蚤的心跳很快，如果数一分钟水蚤的心跳次数较困难，可改为数10秒钟内水蚤的心跳次数，也就是10秒的心率，这样既方便也比较准确。

小张和小明都坚持己见，你同意哪一种呢？

问题3： 滴加酒精前，要把载玻片上原来的水吸走吗？

问题分析：酒精滴入载玻片上原有的水，酒精浓度会_____，这样做会影响实验的准确性。如果将载玻片上的水全部吸走，水蚤脱离水容易死亡。

解决办法：把载玻片上的水吸走一部分，但不要_____，尽量减少原有的水对酒精浓度的影响。

问题4： 用多少只水蚤做实验较合适？如何减小实验数据的误差？

问题分析：设计探究实验时的另一个重点是保证单一变量。

解决办法：不同的水蚤心率不一样，因此，一种酒精浓度只用_____只水蚤做实验。为了减少实验数据的误差，实验要重复多次，求_____。

四、教学过程

创设情境：水蚤国国王离奇暴毙，没人知道原因。D.I.E.的古灵精探于子朗奉命调查此案，通过感应，他感应到"酒精"这一物品。酒精和水蚤国王的死有什么联系呢？这个案犯是谁呢？你能帮助古灵精探找出来吗？

探究实验：酒精对水蚤心率的影响

班级：_____实验员1_____实验员2_____

（一）提出问题

酒精对水蚤的哪些器官有影响？（　　）

酒精对水蚤的心脏是否有影响？（　　）

酒精对水蚤的心率有影响吗？（　）

酒精对水蚤的健康是否有影响？（　）

你想探究的问题是哪一个（请在括号内打"√"）你的理由是：＿＿＿＿

＿＿＿＿＿＿＿＿＿＿＿＿＿＿＿＿＿＿＿＿＿＿＿＿＿＿＿＿＿＿＿。

（二）做出假设

你做出的假设是：酒精会＿＿＿＿＿＿（填"促进"或"抑制"）水蚤的心率，你的根据是：＿＿＿＿＿＿＿＿＿＿＿＿＿＿＿＿＿＿＿＿＿。

（三）制订计划

要注意的问题：

（1）用什么方法来说明酒精会影响水蚤心率？选取什么浓度的酒精做实验会比较合适？

（2）用多少只水蚤做实验？如何减小实验数据的误差？

（3）观察水蚤时应注意什么问题？如何计算水蚤心率？

（注：实验共分7大组28小组，每一横排的8个同学为一大组，每对同桌为一小组。小组进行分工，实验员1负责观察和打点计数，实验员2负责用计时器计时并记录。）

材料准备：每一张桌子上摆的器具为活水蚤一烧杯、吸管一支、蒸馏水一滴瓶、载玻片一张、显微镜一个、计时器一个、吸水纸2张、酒精溶液一滴瓶（从竖排的第一张桌子按从前到后的顺序依次为0.2%、4%、8%、11%、16%、20%、25%的体积分数的酒精）。

（4）结合以上的注意问题，请你填写下列具体的操作步骤。

① 调整显微镜，对光。

② 用＿＿＿＿＿＿吸取一只水蚤放在＿＿＿＿＿＿上，滴入1～2滴蒸馏水，静待20秒，然后用＿＿＿＿＿＿把多余的水吸走，吸至水蚤不乱动为止，但不要把水全部吸走（很重要），在显微镜下观察水蚤心脏跳动次数，用打点法计算10秒内心率，并记录在下表。重复两次，算出平均值。

③ 将多余的水分吸干（如果不吸干会影响＿＿＿＿＿＿＿＿），迅速滴入＿＿＿＿＿%体积分数的酒精溶液1～2滴，静待20秒，然后把多余的＿＿＿＿＿＿吸走，直至水蚤不乱动为止，同样不要把酒精溶液全部吸走，在显微镜下观察＿＿＿＿＿＿对水蚤心率的影响，用打点法计算10秒内心

率，并记录在下表。重复两次，算出平均值。

④ 选做：提前完成指定浓度的小组，可按上述方法继续探究其他浓度的酒精溶液对水蚤心率的影响，并把数据填入表格旁，将两组数据做个对比。

（四）实施计划

填写表4-15（单位：次/10秒）

表4-15　酒精对水蚤心率的影响实验数据

测量次数	对照组（蒸馏水）	实验组（_____%酒精溶液）
第一次		
第二次		
第三次		
平均值		

（五）得出结论

你的结论是：_____%浓度的酒精会_____水蚤的心率。

（六）表达和交流

1. 你的结论与假设相一致吗？如果不一致的话，想想是什么原因。

2. 水蚤国国王死亡的原因是什么？

3. 在这个实验里，你还有其他收获吗？

参考资料：

水蚤简介：无脊椎动物，节肢动物门，甲壳纲，鳃足亚纲，水蚤科。水蚤的身体和功能已较完善，具有脑、眼、口、肠、心脏等器官（见图4-20）。水蚤俗称"红虫"，居住在死水以微生物为食，利用强壮的分叉触角游泳，是鱼类与其他昆虫的重要食物来源。水蚤身体透明，因此容易在显微镜下观察。

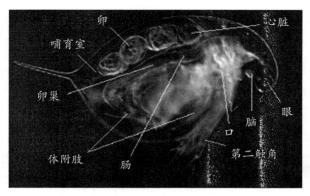

图4-20 水蚤的器官

酒精对人的影响一般比较明显，酗酒的人初始心跳加快，面颊红涨，进而走路不稳，再而说话不清，接着出现幻觉，最后思维混乱，失去知觉。酗酒严重的，有时还会出现心律不齐，甚至因心脏衰竭而死亡。

（七）课外拓展

探究烟草浸出液对水蚤心率的影响，完成一份完整的实验报告。

五、学习检测

1. 酒精中毒（醉酒）的主要原因是过量的酒精麻痹并抑制人的（ ）。

    A.中枢神经系统　　　　B.消化系统

    C.呼吸系统　　　　　　D.循环系统

2. 下列关于吸烟危害性的叙述正确的是（ ）。

    ①吸烟者易患支气管炎、肺癌等呼吸道疾病。

    ②烟雾能使肺活量增加。

    ③青少年吸烟，呼吸道黏膜易受损伤。

    ④吸烟会损害神经系统，使人的记忆力减退，过早衰老。

    A.①③④　　　B.②③④　　　C.①②④　　　D.①②③④

3. 下列行为属于健康行为的是（ ）。

    A.吸烟行为　　B.健身行为　　C.吸毒行为　　D.酗酒行为

4. 烟草燃烧产生的烟雾含有多种对人体有害的物质。被动吸烟对青少年和儿童的影响主要是引起（ ）。

    A.体重减轻　　B.呼吸道疾病

    C.过敏反应　　D.发育迟缓

206

5. 据专家论证，人类健康有三大基石，请你根据对健康的了解，判断下列说法不正确的是（　　）。

  A. 合理的膳食   B. 适量的运动

  C. 戒烟限酒   D. 身体好就不用锻炼身体

6. 酗酒的人状况：①初始心跳加快，面颊红涨，进而走路不稳；②再而说话不清；③接着出现幻觉；④最后思维混乱，失去知觉。

（1）①现象出现，说明酒精使_____中毒。

（2）②现象出现，说明酒精使大脑皮层_____中枢中毒。

（3）③现象出现，说明酒精使大脑皮层_____中枢中毒。

（4）④现象出现，说明酒精已使整个_____中毒。

7. 图4-21是某地区男性吸烟与肺癌发病率关系图，请分析回答：

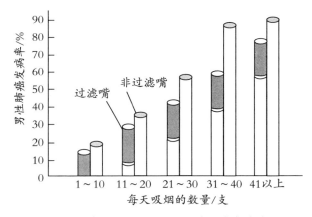

图4-21　某地区男性吸烟与肺癌发病率关系

（1）图4-21中显示，每天吸烟的数量越多，男性肺癌发病率越____。每天吸同样多支烟，吸过滤嘴烟比吸非过滤嘴烟的肺癌发病率_____。

（2）吸烟会诱发肺癌，与香烟燃烧产生的烟雾中所含的致癌物质___有关。

（3）如果女性吸烟，除诱发肺癌等多种疾病外，还会大大增加患_____等疾病的可能性。孕妇如果直接吸烟或者长期被动吸烟，还会诱发_____。

六、相关链接

（1）仅仅戒烟一天，戒烟给心脏、血压和血液系统带来的益处便会显现出来。戒烟1年，患冠心病的概率比继续吸烟者下降一半。

（2）戒烟5～15年后，患中风的概率降到从不吸烟者水平。

（3）戒烟10年，患肺癌的概率比继续吸烟者降低一半。患口腔癌、喉癌、食管癌、膀胱癌、肾癌、胰腺癌的概率降低，患胃溃疡的概率降低。

（4）戒烟15年，患冠心病的概率与从不吸烟者相似。死亡的总体概率恢复到从不吸烟者水平。因此，任何时间戒烟都不算迟，而且最好在出现严重健康问题之前戒烟。

（5）不同程度的喝酒对身体和情绪的常见影响（见表4-16）。

表4-16　不同程度的喝酒对身体和情绪的常见影响

危险性	男性	女性	对身体和情绪的常见影响
低危险性有理智的喝酒	每天≤1.5瓶啤酒	每天≤10.5瓶啤酒	提高放松程度，减少患心脏病的危险
中等危险性有害的喝酒	每天2~2.5瓶啤酒	每天1~1.5瓶啤酒	乏力，失眠，血压升高，动作不协调，忧郁或紧张，考虑问题不清楚，开车或使用机器容易出危险
高度危险性危险的喝酒	每天≥3瓶啤酒	每天≥2瓶啤酒	除上述损害之外，可损害大脑，导致躯体依赖、记忆丧失和肝脏疾病

（6）少喝酒会得到哪些好处？

身体方面：酒后无身体不适，睡眠良好，精力更充沛，减少体重，记忆力更好，体形更优美，伤害自己和他人的危险性降低，患高血压、肝损害、大脑损害和癌症的概率降低。

心理方面：情绪改善，与家人吵架减少，减少驾车危险。

思悟教学和立体探究

综上所述，"立体探究"教学模式通过优化教学时间安排（时间立体化），选择合适的教学场所（空间立体化），提供多元教学内容让学生根据自己的兴趣或能力来选择（内容立体化），培养了学生有效处理信息的能力，促进了学生思维能力的发展，提高了学生应用知识的迁移能力。我们进行这个课题的研究，就是期望在新课程改革的形势下寻找一种可行的教学模式，在实验课堂上落实《义务教育生物学课程标准（2011年版）》的三维目标和学科核心素养。

教学的重要目的是教会学生思悟。但是，长期以来的传统教学，过于重视应试，过于重视知识的积累，教学方式仍然比较单一。应用"立体探究"教学模式，以立体的探究环境为平台，训练学生的思维能力，提高学生思维的批判性、灵活性和深刻性，有利于合作意识和动手能力的培养，有利于学生科学素养的发展。

从探究实验的内容立体化来看，"立体探究"教学模式能让学生学会选择关键信息，提高了处理信息的能力。

从探究实验的立体化设计来看，"立体探究"教学模式培养了学生思维的广度（发散性思维），让学生学会从多角度寻求解决问题的方法，训练了思维，提高了分析问题和解决问题的能力。

从探究实验的实施来看，"立体探究"教学模式让学生学会有序思考，突破思维定式，帮助学生改变在实验过程中的思维老路，提高了知识迁移的能力。

"立体探究"教学模式能提高学生的思悟力。

参 考 文 献

［1］刘颖，苏巧玲.医学心理学［M］.北京：中国华侨出版社，1997.

［2］王小燕.科学思维与科学方法论［M］.广州：华南理工大学出版社，2015.

［3］中华人民共和国教育部.普通高中生物学课程标准（2017年版）［M］.北京：人民教育出版社，2018.

［4］方韬.论语全解［M］.南京：南京出版社，2018.

［5］让·皮亚杰.教育科学与儿童心理学［M］.杜一雄，钱心婷，译.北京：教育科学出版社，2018.

［6］余胜泉，胡翔.STEM教育理念与跨学科整合模式［J］.开放教育研究，2015（4）：13-22.

［7］教育部教育管理信息中心，北京师范大学，北京国信世教信息技术研究院.中国STEAM教育发展报告（白皮书）［R］.中国教育报，2017-03-06.

［8］吴成军.试论科学思维及其在生物学学科中的独特性［J］.生物学教学2018（11）：7-9.

［9］张成军.中学生物学实验教学［M］.北京：科学出版社，2009.

［10］曾庆国.STEAM视野下初中生物教学的创新实践和反思：以"调查周边环境中的生物"为例［J］.中学生物，2018，34（12）：64-66.

［11］中华人民共和国教育部.义务教育生物学课程标准（2011年版）［M］.北京：北京师范大学出版社，2011.

［12］朱正威，赵占良.义务教育课程标准实验教科书生物学（八年级下册）［M］.北京：人民教育出版社，2002.

［13］姚海霞."模拟保护色的形成过程"的教学难点及设计改良［J］.中学生物学，2011，27（8）：32-34.

［14］丁美荣.虚拟实验与真实实验整合的计算机网络研究性实验教学探究［J］.实验技术与管理，2011，28（5）：163-166.

［15］徐佳."模拟保护色的形成过程"实验［J］.生物学教学，2012（6）：54.

［16］Bruce Joyce，Marsha Well，Emily Calhou，等.教学模式［M］.第7版.荆建华，宋富钢，花清亮，译.北京：中国轻工业出版社，2009.

［17］赵加琛，张成菊.学案教学设计［M］.北京：中国轻工业出版社，2009.

［18］曾庆国."立体探究"教学模式的实践与思考［J］.中学生物学，2018，34（7）：25-27.

［19］曾庆国."测定反应速度"的创新教学设计与反思［J］.生物学教学，2019（4）：34-35.

［20］朱建国，张怡，吴为民.培养学生理解力的课堂教学实践与研究［M］.上海：华东师范大学出版社，2010.

［21］费洁如.自主—合作学习的理念与实践探索［J］.课程与教学研究，1999（5）：61-66.

［22］张罡.高中生物教学中自主—合作学习的理论与实践［D］.福州：福建师范大学，2003.

［23］何芳.自主学习与合作学习：共生关系［D］.重庆：重庆师范大学，2012.

后记 ▶

新的开始

随着时代的发展，我们已经步入信息时代，并正在探索人工智能的运用。新的时代呼唤新的能力结构，当我们仍然站在三尺讲台授课的时候，我们发现，世界已经发生了巨大的变化。在全球化、信息化一日千里的今天，教师应该拥有什么知识和具备哪些能力才能有效地教学和高效地生活？早在十八年前刚踏上讲台的时候，我就已经在不断思考这个问题，并逐渐形成自己的教学追求：现代教育的价值取向是追求人的全面发展，而不仅仅是要求知识的积累和观念的更新。具有人文价值的科学课堂，才能培养出既具有扎实的生物科学知识，又具有健全的人格，既具有全面的生物科学素养，又具有人文精神的完整而幸福的现代人。

什么是当今时代好的教与学？什么样的教学实践支持当今时代的学习？我始终认为：每个学生都如同一颗种子，充满了巨大的潜能，只是类型不同，觉醒的时间也不同，我最大的愿望，是给这些种子适合的环境条件，使其在最适合的时机茁壮成长。课堂应该为学生提供有价值的学习材料，让学生学会自主学习，即学会独立思考，提高思维能力，改善思维品质，引导自我感悟，促进实践创新。课堂教学，学是核心，教是辅助，学习是学生自己的事，教师的角色是让学生主动学习。因此，我提出了思悟教学。把自己多年的实践经验交给各位同行检阅，其实心里非常忐忑。思悟教学算不上创新，只是多年实践经验的一种积累，由于一直担任城市重点学校优秀学生的教学工作，这些思考能否有效帮助各位同行解决真实的问题，能否有效帮助更多学生学会处理信息，提高思维能力，掌握知识的迁移应用，仍需要更多的实证。

当前学校教育中存在的突出问题仍然是"学生课业负担过重"，而现行的大部分教学仍然是传统的传授式课堂教学。这种方式，一方面难以激发学生学习知识和技能的兴趣、动机，另一方面传授式教学关注对一系列呈现的事实性信息进行理论学习和机械学习，学习者不是通过实际的实验过程进行学习，培养出来的学生缺乏实际经验，难以将所学知识应用到生活和社会实践中。因此，学生的学习能力、实践能力、创新能力严重不足。如何使学生学到的知识与其切身的经验、体验相联系？如何激发学生学习知识和技能的兴趣、动机？如何使课堂教学和学生的思维活动相联系？如何通过构建新型的教学模式促进学生全面发展、全体发展、个性发展和可持续发展，注重学思结合、知行统一、因材施教？思悟教学从"激趣启思、释疑导悟、融情促行"的"思悟行"模式入手，提出了解决的方案，不一定成熟，请广大同行多多包涵，不吝指教。

美国麻省理工教授Seymour Papert强调："知识的建构由手、眼、脑互动而成，真正的知识是在解决问题的过程中学到的。"更好的教育不是让老师"教"得更好，而是让学生"学"得更好，有更多的机会去建构知识。根据美国教育信息年会NECC（National Educational Computing Conference）于2009年提出了21世纪技能与社会研究的概念，认为现在学校教育应重点培养学生的创新能力、沟通协作能力、批判性思考与问题解决能力、信息技术应用能力等综合能力。可见，新的人工智能时代以知识创新和应用为主要特征，学习者必须具有对海量信息的处理能力、对核心概念的深层次思维能力，以及掌握利用核心概念创造新概念、新理论、新产品、新知识的能力（迁移能力），这三部分能力，就是思悟力的核心内容。

但愿本书的出版能激起各位同行对这个问题的共鸣。

在将书稿交至出版社的今天，我从一名一线教学工作者暂时变成了一名教育行政管理者，在新的岗位上继续寻找自己的教育梦。所以，我以"新的开始"为题对本书进行收尾，这是对过去近十八年教学工作的总结，也是对未来工作的憧憬。在这里衷心感谢我的恩师胡继飞教授、刘志伟教授、梁光明老师的悉心指导，感谢广东省中小学"百千万"人才培养工程项目组的各位老师，感谢"百千万"名师班的小伙伴们，特别要感谢创造条件让我成长的佛山市华英学校，感谢邓超祥校长等领导的关怀，感谢宋朝晖、麦卓怡、冼稚文、马慕勤、俞小琴、李颖祺、何莹等老师对我教学实验的全情投入，谢谢各位！

作　者

2020年6月6日